LE SABRE ET LE TURBAN

Jusqu'où ira la Turquie ?

JEAN-FRANÇOIS COLOSIMO

LE SABRE ET LE TURBAN

Jusqu'où ira la Turquie ?

LES ÉDITIONS DU CERF

www.editionsducerf.fr
24, rue des Tanneries
75013 Paris

ISBN 978-2-204-14344-8

Le vertige

Qui, dans ses frontières, confisque la démocratie, purge l'appareil d'État, réprime l'opposition, muselle la presse, embastille les artistes, persécute les minorités et entre en guerre ouverte contre des pans entiers de la population afin d'être consacré le champion de l'islam politique ?

Qui, hors de ses frontières, défie l'Amérique, rivalise avec la Russie, rackette l'Europe, couvre Daech, poursuit les Kurdes au Proche-Orient, envoie des mercenaires en Libye, traque les Arméniens dans le Caucase afin d'être couronné le patron de l'internationale islamiste ?

Qui se veut un nouveau sultan, se prétend un nouveau calife, entend restaurer l'Empire ottoman afin d'être considéré comme l'un des maîtres du jeu planétaire ?

La diabolisation dont il est l'objet ravit Recep Tayyip Erdoğan. Il la réclame et l'encourage. Sa stratégie de provocation renforce son système d'intimidation. Elle n'est pourtant que le voile d'un mal plus ancien. Le douzième président de la République turque accomplit, en la portant à son paroxysme, la fuite en avant que la Turquie moderne connaît depuis qu'elle a été fondée, en 1923, par Mustafa Kemal, dit Atatürk. Et dont lui-même, son lointain successeur, mais le seul à l'égaler en ambition et en domination, n'est jamais que le double inversé, le frère en apparence ennemi et en réalité jumeau.

Devant l'escalade vertigineuse à laquelle nous assistons, notre stupéfaction est aussi subite qu'ont été persistants nos aveuglements. Les interrogations se pressent, le jugement se noie. Jusqu'où la Turquie ira-t-elle ? Comment, en un siècle, a-t-elle basculé du désir de rejoindre l'Europe à la volonté de dominer l'Oumma ? Pourquoi et de quoi a-t-elle peur ? Pourquoi et en quoi nous menace-t-elle ? Quand cessera son chantage politique et militaire ? Sa propension à la force, son inclination à la terreur ?

Ces questions nous taraudent parce que, pendant longtemps, nous avons passé outre la vérité. S'agissant de la Turquie, nous avons pris l'habitude de minimiser les faits, de minorer les gestes en pariant que demain tout irait mieux. Parce qu'elle avait adopté le progrès, elle progresserait, inéluctablement.

Nos indifférences et nos négligences débordent désormais notre entendement. Nos idées préconçues, nos illusions consenties se découvrent toutes vaines. Nous commençons à peine à comprendre que nous n'avons rien compris à la Turquie.

Longtemps, nous avons préféré ignorer la nouveauté radicale de ce pays né aux forceps de la Grande Guerre et des traités internationaux. Nous avons oublié qu'il a failli ne pas être. Nous avons oblitéré qu'il cherche à échapper depuis à son angoisse initiale du néant. Nous avons mésestimé l'aliénation qu'a causée l'occidentalisation d'Atatürk parce qu'elle nous arrangeait. Nous avons méjugé l'oppression qu'a engagée l'islamisation d'Erdoğan tant qu'elle ne nous dérangeait pas. Puis nous avons voulu croire qu'il y avait deux Turquie, une bonne et une mauvaise. Au choix.

Nous avons ainsi nié l'évidence. Dans la course après elle-même qu'elle mène depuis sa création, il y a une seule et même Turquie qui aura essayé tous les extrêmes.

Quatre-vingts ans d'un nationalisme destructeur des minorités pour imposer une République laïciste. Vingt ans d'un islamisme négateur des libertés pour ressusciter un Empire théocratique. Deux constructions acharnées et néanmoins, au bout du compte, également fantomatiques. Moins de cent ans d'existence, soit la durée d'une vie humaine, qui ressortent comme un immense montage couvrant un vide sinon alarmant.

Grande a été notre obstination à fermer les yeux sur cette course à l'abîme. Pourquoi nous sommes-nous trompés sur le bilan d'Atatürk et sur l'héritage qu'il a laissé ? Pourquoi nous sommes-nous abusés sur les débuts d'Erdoğan et sur ce qu'il allait faire ? Pourquoi est-il faux d'opposer l'un à l'autre ?

Parce que nous avons renoncé, a priori, à les lire tous deux en miroir, dans leur parenté. Parce qu'un tel regard nous aurait obligés à sortir de nos propres schémas manichéens. Parce qu'il nous aurait fallu réviser nos préjugés à la fois sur les rêves utopiques d'hier, les cauchemars idéologiques d'aujourd'hui. Et admettre leur choquante unité.

Atatürk et Erdoğan sont ennemis par la théâtralisation de l'idéologie, mais complices dans la volonté d'hégémonie. L'acte de naissance contrarié de la Turquie profonde lie leurs destinées et nourrit leur solidarité qui dépasse les à-coups contradictoires de la Turquie apparente. C'est en cela que ces alter ego despotiques sont des rivaux imaginaires. Ils se tiennent chacun à l'un des bouts d'un balancier dépourvu de centre, privé de repos, nous harcelant de ses inquiétudes.

Après un siècle de tourments qui a vu alterner révolutions et répressions, la Turquie demeure une fabrique identitaire sans cesse recommencée. Une construction inachevée à l'axe instable et à l'horizon indéfini, oscillant perpétuellement entre l'Occident et l'Orient, l'Orient et l'Occident, instrumentalisant une fois l'un, une fois l'autre afin de servir un même projet de revanche et de restauration.

Pour comprendre un tant soit peu la Turquie, il faut renverser la dichotomie, retrouver la symétrie. Plonger dans les cent ans de vertiges continus qu'a traversés la République turque hantée par le souvenir ambigu de l'Empire ottoman. Convoquer les fantômes qui ont présidé à sa naissance, ceux du génocide des Arméniens en 1915, du nettoyage ethnique des Grecs en 1923, des massacres des Kurdes et des

Alévis dès 1928. Dévoiler les dessous des coups d'État militaires qui, entre 1960 et 2016, ont étranglé les aspirations à la démocratie. Divulguer les compromissions de Washington depuis 1945 et de Bruxelles jusqu'à aujourd'hui, en 2020. Montrer comment la Turquie constitue le plus explosif des laboratoires bellicistes à trois heures d'avion de Paris, Berlin, Londres. Et ne pas oublier, tout du long, le cortège des Turcs qui ont été tués, emprisonnés, exilés pour avoir dit non au mensonge institutionnalisé. Qu'ils aient eu à souffrir du sabre politique, du turban religieux, ou des deux.

La spirale

Comment déconstruire un mythe mortifère qui aura agi sur cent ans en pleine impunité ? Pour réviser le mirage turc, il faut d'abord rectifier notre strabisme. Oui, mais comment, encore ? En croisant les destins parallèles de ses deux manufacturiers-en-chef, Kemal le fondateur et Erdoğan le refondateur, le général et le militant, le révolutionnaire et le réactionnaire, le laïc et le fondamentaliste. En révélant comment ces adeptes de la force, qui communient dans la conquête des pleins pouvoirs, engagent moins un duel qu'un duo. En retraçant la face cachée de la Turquie, sa destinée réversible, de la nationalisation de l'islam à l'islamisation de la société, de l'intoxication des foules à la manipulation des femmes, de l'imposition du parti unique à la mobilisation des factions intégristes, de la guerre d'indépendance à l'engagement armé aux frontières, de l'adhésion à l'Alliance atlantique et de la candidature à l'Union européenne à la connivence avec l'État islamique. Et de l'abolition du califat à sa résurrection.

C'est ce chaudron en ébullition qui saute aux yeux, aujourd'hui, de l'opinion médusée devant les fronts oubliés qui s'ouvrent ou plutôt se rouvrent l'un après l'autre. Irak, Syrie, Libye, Égée, Arménie, où s'arrêtera la Turquie ? Quand cessera-t-elle de propager la guerre ? Nous nous rassurons en voulant y voir une instabilité passagère là où il y va d'une invariabilité structurelle.

Ici comme ailleurs, la crise pandémique de 2020 n'a rien inventé, elle a tout accéléré. Parmi les autocrates qui se sont précipités pour tirer profit du KO planétaire, le président turc a été le plus véloce et le plus vorace. Comme nul autre, il a parié que l'aventurisme à l'extérieur viendrait combler la crise à l'intérieur. Il a misé son va-tout sur la paralysie que causent la surprise et l'effroi. Mais ce faisant, il a aussi désigné la faille constitutive qui, au-delà du régime qu'il incarne, ronge la nation dont il se veut le guide. Ce qui a mis fin aux fictions que nous aimions tant favoriser. À commencer par la symbiose naturelle entre les imaginaires turc et européen : la fascination présumée d'Atatürk s'est clairement retournée en l'aversion déclarée d'Erdoğan. Au désir mimétique que manifestait le dictateur progressiste s'est substituée la rivalité conflictuelle qu'affiche le tyran traditionaliste. Et à la ruse de la séduction, la rudesse de la compétition. Il est vrai qu'entre-temps l'Europe des puissances est devenue l'Union impotente.

Une méprise plus essentielle nous empêche toutefois de mesurer la raison originelle de ce chassé-croisé. Elle explique que l'on soit passé avec tant de facilité de la glorification d'une Turquie modèle de républicanisme musulman, puis de l'acceptation d'une Turquie matrice de l'islamo-démocratie, à la dénonciation d'une Turquie mandataire de l'impérialisme néo-ottoman. Nous avons séquencé l'histoire à notre gré, là où elle suivait irrésistiblement son cours.

C'est pourquoi l'équation turque ne se laisse pas ramener à nos pronostics. Pour vraiment la comprendre, il faut plonger dans l'histoire, relier les époques, comparer les scénographies de son manque initial de substance et leurs remakes répétés qui font qu'elle semble perpétuellement recommencer sa gestation. Il faut entrer de plain-pied dans le vortex turc, reprendre la spirale turque, dérouler le fil turc à la manière dont on détricoterait un kilim pour discerner, sous l'entremêlement des formes et couleurs disparates, la trame géométrique qui l'ordonne.

Une fois encore, par cécité sur la vivacité de ressorts théologico-politiques que nous nous complaisons à considérer comme révolus, nous avons omis que, dans l'inconscient turco-ottoman, l'ambivalence est originelle entre la caserne et la mosquée.

L'origine

En Orient plus qu'ailleurs, l'histoire factuelle résonne de sa préhistoire symbolique. La Turquie moderne est incompréhensible sans l'Empire ottoman qui est lui-même incompréhensible sans l'Empire byzantin. En s'emparant, le 26 mai 1453, de Constantinople, le sultan Mehmet II réalise le projet obsessionnel de tout calife depuis l'apparition de l'islam : prendre la « Ville des villes » et faire sienne la « seconde Rome » qui a supplanté la première en tant que « nombril du monde ». Lui, le Turc, a réussi là où les Arabes, les descendants directs du Prophète qu'il a également assujettis, ont échoué. Il se trouve, du coup, à fonder une civilisation de synthèse.

Musulman par adoption, l'Empire ottoman est byzantin par substitution. Ce double décalque l'oblige à assumer deux conceptions divergentes de la relation fondamentale entre le pouvoir religieux et le pouvoir séculier : leur fusion que postule le Coran, leur séparation que promeut l'Évangile. Le hiatus est d'autant plus insoluble que l'une et l'autre représentations sont, dans son cas, d'ordre mimétique. Il va le résoudre en privilégiant l'empreinte génétique qui a décidé de son devenir d'exception. Et qui n'est autre que la conquête.

C'est le fait de conquérir qui justifie l'essor d'un peuple sinon nomade à la culture pastorale. L'originalité du Turc tient dans sa faculté originelle de domination qu'il lui faut sans cesse réactiver pour retrouver son identité d'origine : le sabre valide le turban qui vérifie le sabre. Il est juste nécessaire qu'un chef s'impose pour les unifier. L'Empire moghol, en fait mongolo-turc, qui dominera l'Inde du XVIe au XIXe siècle, ne procédera pas autrement que l'Empire ottoman. Avec les mêmes résultats hier et les mêmes conséquences aujourd'hui : se rendre maître ou s'avouer subordonné.

Un mythe dépassé ? Pas en 2012 – l'année de *Fethi 1453* « La Conquête 1453 », le film le plus coûteux, le plus vu et le plus chauvin du cinéma turc. Ce péplum aux 18 millions de dollars de budget, aux 16 000 figurants et aux 1,5 million de spectateurs le jour de sa sortie consiste en une contrefaçon historique caricaturale de la prise de Constantinople. Mais l'essentiel du message idéologique est là : en ménageant par le mensonge la paix avec les royaumes européens, en préparant la guerre en secret, en éliminant les velléitaires dans son camp (le Grand vizir, le Grand mufti, le Grand maréchal), en lançant le peuple à l'assaut de l'ennemi, l'homme providentiel, le *Ebu'l-Fetḥ*, le « Père de la Conquête » s'impose comme le ponte et le pontife d'un peuple religieusement guerrier. Ou, comme on le dira plus tard, le *Reis*, le « patron », titre attribué à Kemal et à Erdoğan ainsi qu'à leurs biopics à répétition qui inondent, publiques ou privées, les chaînes de télévision.

Dans la réalité, Mehmet va sceller en deux actes le double transfert impérial qui doit confirmer la prédestination turque à régenter l'univers. La nuit même où ses soldats pillent la cité, il réserve sa première visite à Sainte-Sophie, le plus monumental et le plus mirifique des sanctuaires d'alors. Après qu'y a retenti la prière glorifiant Allah, il monte sur l'autel de la basilique pour le piétiner selon le rite paganisant que pratiquaient les Césars romains et, dans la foulée, s'octroie leur titre : *Kayser-i Rum*. Dans la journée du lendemain, Mehmet annonce avoir redécouvert la tombe d'Eyüp, le légendaire compagnon de Mahomet qui fut son porte-étendard et qui périt les armes à la main en 674, lors du premier siège musulman de Constantinople. Il décide d'y élever un mausolée où, lors des cérémonies d'intronisation, chaque nouveau sultan ottoman recevra solennellement l'épée d'Osman, le fondateur de la dynastie qui, à partir du XIIIe siècle, a été à la source de son expansion.

Avec la mainmise des Turcs ottomans sur l'Oumma, le *jihad*, la « guerre sainte », efface un peu plus l'*itjihad*, l'« interprétation sacrée ». Le droit du sabre est le droit du vainqueur qui justifie tout droit. Le chef est d'abord un guerrier qui prêche le combat et le guerrier-prédicateur, d'abord un conquérant. De même que l'Empire n'a pour limites que les confins et que la conquête a pour fin la conquête. L'extension territoriale sert de test à l'élection divine, avec pour figure d'inspiration non pas tant le Prophète de l'islam qu'Alexandre le Grand. Une ambition qu'illustre avec éclat, au XVIe siècle et sur cinquante ans, Soliman le Magnifique dont les campagnes sont triomphales en Europe centrale et en Afrique du Nord comme à l'entour de la mer Rouge et du Golfe persique.

C'est pourtant dès sa mort, en 1566, que se manifestent les prodromes du déclin. Les désastres militaires qui s'accumulent, maritime à Lépante en 1591, terrestre à Vienne en 1683, montrent que le Grand-Turc n'est pas invincible. Au tournant des XVIIIe et XIXe siècles, le réveil du monde arabe et la pression du monde occidental prennent la Sublime Porte en étau. La révolte des émirats du Hedjaz en 1774, ainsi que l'émancipation de l'Égypte et son annexion de la Libye en 1820 d'un côté, la perte de la Crimée en 1783, des Balkans à partir de 1821, du Caucase à partir de 1828 puis de l'Azerbaïdjan perse de l'autre accélèrent son affaiblissement. L'Empire à cheval sur l'Orient et l'Occident rétrécit simultanément à l'Est et à l'Ouest.

Pour compenser ces revers, les sultans d'Istanbul exhument le titre de calife, de « commandeur des croyants », qu'ils avaient oublié après l'avoir entreposé parmi les dépouilles de l'ère arabo-musulmane. Leur propre toute-puissance pouvait se passer de cette distinction spirituelle, jusque-là inutile parce que d'ordre honorifique. Ce n'est plus le cas. À défaut d'être militaire, leur autorité sur l'Oumma sera religieuse. Le turban commence à effacer le sabre.

Dans le même temps, bien avant le Japon, la Perse ou l'Inde, ces mêmes sultans qui assistent impuissants et désarmés au recul de l'Empire décident d'adopter la modernité venue d'Occident. Il faut renverser l'emprise des puissances européennes et colonisatrices, française, britannique, russe, en s'emparant du secret prométhéen de ces contre-conquérants, à commencer par leur puissance à s'armer. Mais il faut aussi convaincre de l'idée de progrès les deux castes dominantes, celle des guerriers et celle des clercs, qui voient dans cet alignement une reddition soit à l'ennemi, soit au diable. Ou, à défaut, empêcher leur alliance. Et, mieux, aviver leur rivalité.

À la manière turco-ottomane, qui exalte le prix du sang, l'ère de réforme des *Tanzimat*, des « restructurations », commence par un massacre. Celui des janissaires. Ce corps d'élite qui sert de garde prétorienne est traditionnellement composé d'enfants de l'aristocratie chrétienne enlevés ou achetés à leurs familles. Convertis de force, voués au célibat, ils sont éduqués dans l'art de la guerre. Liés à l'alévisme, cet islam syncrétique et souple que réprouve le sunnisme institutionnel, ils entretiennent des croyances hétérodoxes et des pratiques ésotériques. Or, ils refusent tout aggiornamento qui signifierait la fin de leur confrérie martiale et mystique.

Les janissaires menacent de se révolter, de renverser le sultanat et d'instaurer une oligarchie militaire. Mahmoud II décide de les prendre de vitesse et de les éliminer. Un geste grave qu'il doit sacraliser. Il se tourne vers les oulémas, qui ont le pouvoir d'excommunier le schismatique, pour obtenir leur consentement. La fatwa est prononcée. Le 16 juin 1826, brandissant le Coran et l'étendard du califat, les cadres religieux emmènent les masses populaires seconder les troupes régulières au nom de l'orthodoxie sunnite. C'est un carnage. Tandis que brûlent leurs casernes, 120 000 janissaires sont égorgés, pendus, fusillés et les 20 000 survivants parmi eux sont déportés en esclavage.

Leur fin est censée inaugurer le début d'un monde nouveau. En fait, elle marque une scission dans le mythe impérial qui sera désormais condamné à osciller entre ses deux pôles, le sabre et le turban, lesquels nourriront les polarisations successives auxquelles se livreront les deux principaux avatars républicains du sultanat.

La perte

La confiscation de la caserne par la mosquée n'y peut rien. Elle n'empêche pas la Sublime Porte d'enchaîner les défaites tout au long du XIXe siècle. Paris, Londres, Moscou se préparent à dépecer le grand « corps malade de l'Europe ». Il leur en offre l'occasion en se rangeant, en 1914, aux côtés de l'Allemagne et de l'Autriche-Hongrie, le camp des perdants de la Première Guerre mondiale. Le 10 août 1920, Mehmet VI, le dernier sultan, signe le traité de Sèvres qui consacre le démembrement de l'Empire. Un peu avant, il a écrit au pape Benoît XV pour lui demander d'intercéder en faveur de sa dynastie, héritière ainsi qu'il y insiste à la fois des Commandeurs de l'Oumma et des Césars de Rome.

Origine pour origine, le futur Atatürk prétend à une tout autre filiation. Un célèbre cliché le montre, jeune officier, costumé en janissaire. Héros déjà de Tobrouk, des Dardanelles, des campagnes de Syrie et de Palestine, de la Grande Guerre, héros bientôt de la Guerre civile et de la Guerre d'indépendance, Mustafa Kemal va incarner la revanche posthume du combattant sur le clerc.

Les Alliés pensent avoir tranché dans le vif. Moscou, qui a sombré dans la révolution bolchévique, s'est retirée du jeu. Paris et Londres ont prévu de se partager Constantinople, de concéder l'Égée à Athènes, de créer une Grande Arménie et un petit Kurdistan, de placer sous leur mandat Damas, Bagdad, Aman et Jérusalem. En trois siècles, la superficie de l'Empire ottoman a été divisée par douze. Sous les coups de ciseaux de Sykes et Picot, les négociateurs britannique et français, il est réduit aux plateaux d'Anatolie.

Ce que refuse Kemal qui, à partir de ce sanctuaire, va lever une armée populaire. Officier vainqueur au sein d'un empire vaincu, il sera le maréchalissime rebelle d'une guerre de libération tous azimuts. Il a tout pour y réussir. Né à Thessalonique, il est de ces Turcs balkaniques formés à l'esprit européen qui connaissent les forces mais aussi les faiblesses de l'adversaire, à commencer par son goût pour la désunion et sa concentration sur les intérêts à court terme. Excellent tacticien militaire, il va se montrer un prodigieux stratège politique.

Lié au mouvement des Jeunes-Turcs, mais retenu sur le front, Kemal a pour chance de n'avoir pas participé au génocide des Arméniens et de pouvoir s'en proclamer innocent. Adhérent à leur projet, mais plus réaliste, il unifie sous sa direction les chefs de partis et les chefs de tribus, sachant que l'islam reste un levier efficace pour mobiliser le patriotisme. Dans le même temps, il convainc les dirigeants parisiens de la IIIe République de son jacobinisme intégral (moderniste, progressiste, laïc, centralisateur, bureaucratique, hygiéniste) afin de les détourner des Grecs si chrétiens et si monarchistes. Mieux, il obtient qu'ils trahissent la petite Hellade à son profit.

C'est sa dimension biface, à l'instar du pays qu'il va créer. Il n'a cure des religions historiques, il est un adepte de la nouvelle religion politique. La laïcité ? Il la comprend à sa manière. Quand il est entré en résistance contre le défaitisme de l'Empire et la soumission du sultan aux diktats de l'Europe, la caste des oulémas l'a anathématisé en tant qu'« ennemi d'Allah ». Lui-même n'est pas moins un dévot, mais il a pour culte la puissance. Et il observe religieusement sa vocation révolutionnaire. Elle est de sauver l'État, de sauvegarder l'État, de soumettre au salut de l'État le salut du peuple en rendant ce dernier indissolublement musulman et turc.

C'est le pouvoir absolu que Mustafa Kemal va gagner, par le sabre, en écrasant les Grecs qui, dans la suite de 1918, ont prétendu reconquérir l'espace byzantin conquis par l'envahisseur ottoman. Une autre ombre symbolique est biffée du tableau par le futur Atatürk, le « Turc-Père » ainsi que le célébrera la République dont il est le démiurge. En novembre 1922, le sultanat est aboli, Mehmet VI est banni et son cousin Abdul Medjid II est nommé calife par intermittence avant d'être à son tour déposé deux ans plus tard. Un coup de maître ! La modernité en acte, abolissant hier au profit d'un présent éclairé, d'un avenir radieux. Pour les Occidentaux, Kemal est devenu un ami et un émule. Lui, en son for intérieur, savoure la revanche.

Entre-temps, un traité a chassé l'autre et, signé le 24 juillet 1923, Lausanne a remplacé Sèvres. La Société des Nations, l'ancêtre de l'ONU, a entériné le trépas d'un ancien empire et la naissance d'une république neuve en faisant plus qu'améliorer le tracé prévu de ses frontières. Elles sont en l'état maximales, englobant les territoires promis un peu plus tôt aux Arméniens et aux Kurdes ou dévolus aux puissances mandataires. L'héritier des janissaires s'est imposé aussi bien sur le plan diplomatique que militaire en allant au bout de l'épreuve de force. On aimera la Turquie et, à défaut, on la craindra.

Célébré comme le *Gazi*, le « victorieux », titre réservé aux plus valeureux combattants du djihad, Kemal va troquer l'islam rayonnant au centre de l'Empire contre l'armée régnante au cœur de la République. C'est à elle qu'il confiera le soin d'édifier la nation turque et d'en être la garante. La modernisation aura bien lieu, mais au pas de charge. Elle aura pour moteur une occidentalisation systématique, appliquée à la langue et à l'éducation, aux mœurs et aux institutions, au calendrier et à la religion. Pour effacer le legs ambivalent de l'Empire, islamique et byzantin, pour venger l'humiliation ottomane, la Turquie sera mutante. Au risque de ne plus cesser de varier, suspendue à une instabilité congénitale. Mécaniquement, l'emprise du sabre est appelée à réveiller l'antagonisme du turban.

Le laboratoire

Des mille et une expériences que va connaître la nation-éprouvette, la sécularisation de Sainte-Sophie, la basilique impériale érigée en 562 devenue mosquée califale en 1453, récapitule toutes les ambiguïtés. L'opinion ordinaire d'hier comme d'aujourd'hui loue Mustafa Kemal d'avoir muséifié le « temple de la sagesse divine » et d'en avoir fait, selon sa formule, « don à l'humanité ». Mais l'irénisme supposé de ce supposé cadeau relève du tour de passe-passe.

Triomphateur de la guerre qu'il a conduite à l'extérieur contre les armées grecques, de la guerre qu'il mène à l'intérieur contre les confréries musulmanes, le « Turc-Père » fait coup double contre les forces du monde ancien. Il assigne au rang de vestige touristique ce lieu hautement symbolique pour ses adversaires immédiats du dehors comme du dedans. Il suspend l'histoire à son bon vouloir en déplaçant les aiguilles sur le cadran et en les plaçant à l'heure et à la minute de son avènement personnel. Une leçon d'horlogerie que retiendra son successeur.

C'est à 14 h 53, ainsi qu'il y insistera, que le président Recep Tayyip Erdoğan signe, le 10 juillet 2020, le décret qui scelle la reconversion de la basilique-musée de Sainte-Sophie en mosquée. C'est le 24 juillet 2020, comme il le soulignera également, que s'y tient la Grande Prière du vendredi, première du genre depuis près d'un siècle, à laquelle il assiste démonstrativement. Ni l'heure de la signature, ni le jour de l'office, on l'aura compris, ne sont anodins : rebonjour Fethi (29 mai 1453), adieu Lausanne (24 juillet 1923) !

Pour les observateurs derechef à courte vue, l'islamiste Erdoğan vient de porter un nouveau coup au laïciste Kemal. Faux. Ou, plutôt, incomplet. Il en salue à sa façon le souvenir en le rejoignant dans l'imaginaire symbiotique qui, tels des siamois, les soude. Celui de la régénération turque par la force et l'épreuve de force. Le seul trait distinctif est d'ordre chronologique. La guerre est antérieure chez Kemal et postérieure chez Erdoğan à la prise de pouvoir. D'où leurs lectures inversées de la même grammaire de la lutte : désislamiser et réislamiser Sainte-Sophie ou la Turquie est égal. Tout ce qui importe est que l'emporte le plus dur au combat, le plus endurant à la peine. Le survivant.

Cela faisait des années qu'Erdoğan annonçait la proche reconversion d'Hagia Sophia en Ayasofya. Personne n'y prêtait l'oreille. Tout juste une rodomontade de plus. Mais à la différence des simples mortels, les dictateurs n'ont aucun mal à être prophètes en leur pays. Singulièrement lorsqu'il consiste en un laboratoire qui ne s'interdit aucun essai. Là aussi, il aurait suffi d'ouvrir les yeux.

Lorsque arrive l'annonce, deux autres Sainte-Sophie qui figurent parmi les plus belles basiliques byzantines de Turquie ont déjà connu le même sort. D'abord, le 6 novembre 2010, celle de Nicée (Iznik) où se déroulèrent le premier et le dernier des conciles œcuméniques communs à l'Orient et à l'Occident chrétiens confirmant pour l'un, en 325, la divinité du Christ et pour l'autre, en 787, la vénération des images. Puis, le 5 juillet 2013, celle de Trébizonde (Trabzon) où fut couronné, en 1458, peu après la chute de Constantinople, l'ultime prétendant au trône de Byzance, David Comnène, qui devait pathétiquement se rendre trois ans plus tard, en 1461, au Goliath turc. Autant de provocations symboliques et zéro protestation internationale. Sans doute l'impasse cognitive d'Erdoğan à vouloir tant mouliner les réminiscences est-il de mésestimer le début d'Alzheimer dont souffre son adversaire de prédilection. Ni la mise, ni la gratte ne sont grandes à refaire l'histoire dont l'Europe veut se défaire.

Ce sont des Turcs qui ont dénoncé cette captation mémorielle au risque, eux, de représailles qui ne se calculent pas en parts de marché. À Trabzon, la valeureuse Union des architectes de Turquie a intenté un procès contre l'État devant la juridiction locale. Elle a argué que l'expression de l'universalité passe par l'illustration du patrimoine artistique et de la diversité historique dont personne n'est propriétaire. Le 23 novembre 2013, un juge non moins courageux a arbitré en sa faveur et ordonné le retour de la basilique au statut de musée.

L'Union a gagné le litige. À tout le moins sur le papier. Trois jours plus tard, le 26 novembre, en rétorsion, le gouvernement Erdoğan a décrété la reconversion en mosquée du légendaire monastère du Stoudion, plus exactement des vestiges à ciel ouvert qu'il en reste à Istanbul et qui furent muséifiés en 1946 sous la pression des sociétés savantes, échappant ainsi aux pelleteuses d'une urbanisation déjà sauvage. Mais même la paix des ruines est de trop pour ceux qui combattent l'altérité.

Inutile de préciser que Sainte-Sophie de Nicée est cernée d'une dizaine de mosquées flambant neuves et désespérément vides aux portails desquelles des fonctionnaires du culte s'efforcent de rameuter les jeunes en leur promettant bombance de donuts et de coca-cola. Inutile de préciser qu'en dépit de l'arrêté du tribunal, nul policier ni n'est venu, ni ne viendra déloger aucun ouléma claquemuré dans Sainte-Sophie de Trébizonde. Inutile de préciser que Sainte-Sophie de Constantinople ne comble aucun besoin pastoral en venant s'ajouter aux quelque trois mille lieux de culte sunnites d'Istanbul. Les trois basiliques ne sont jamais que des stations votives rythmant les nouvelles guerres turques qui vont en se multipliant sur les anciens fronts ottomans. Des arcs de triomphe anticipés.

Ce 24 juillet 2020, c'est Ali Erbas, le directeur de la tentaculaire Diyanet, la division d'État administrant les affaires religieuses, qui a été chargé de la prédication. Contrairement à la règle, le patron de l'islam turc ne commente pas le Coran. Son discours consiste en une vaste déclinaison autour du thème de la domination et de la soumission. Sous la coupole de Sainte-Sophie, il célèbre « l'amour de la conquête », la « promesse prophétique de la conquête », salue « les martyrs et les vétérans grâce auxquels la conquête a été établie » et loue « la civilisation pour laquelle la conquête revient à ouvrir les portes d'une cité à l'islam ». Un sermon qu'il prononce turban sur la tête, sabre à la main.

Résumons. Les terres que l'Empire a conquises à partir du XIIIe siècle, qu'il a perdues à partir du XIXe siècle, auxquelles la République nationaliste a dû renoncer en 1923, sont celles sur lesquelles la République islamiste veut imposer sa mainmise en 2020. Le califat réactivé en 1774 par Abdul Hamid Ier, revivifié en 1824 par Mahmoud II est celui que Mustafa Kemal a abrogé en 1924, qui a disparu avec la mort d'Abdul Medjid en 1944 et que Recep Tayyip Erdoğan entend réinstaurer en 2024.

Le même réaménagement cyclique prévaut pour tous les échantillonnages mêlés tour à tour dans les tubes à essai : l'islam avec ou contre le pouvoir, l'armée avec ou contre le peuple, les possédants avec ou contre les dépossédés, l'ouest occidentalisé avec ou contre l'est orientalisé. Et récidive automatique à la clé, dès que possible. Tant la Turquie reste prisonnière de ce scénario initial où s'entrechoquent la catastrophe et l'apothéose dans un théâtre d'ombres où se joue et se rejoue sempiternellement la fin du monde.

À peine Erdoğan a-t-il avancé les aiguilles en amont de Kemal sur le grand cadran de la turcité, bénéficiant en aval de la stérilisation des mémoires qu'a entamée Kemal et que, lui, Erdoğan a parachevée. Congélation nationale, décongélation impériale : à chacun son temps zéro. Pour le successeur comme pour le prédécesseur, l'important est de réarmer. Désenturbanné ou réenturbanné, gloire soit rendue au sabre.

L'abîme

Le laboratoire n'est pas cantonné aux lignes de démarcation tracées par les traités. Aujourd'hui encore, la décomposition de l'Empire ottoman n'en finit pas de finir dans chacun de ses anciens contreforts. À l'ouest et à l'est comme au sud et au nord. Depuis la chute du communisme, dont le glacis utopique les avait un temps recouverts, les incendies ont repris de Sarajevo à Bagdad et de Tripoli à Stepanakert, déstabilisant les grands verrous géostratégiques d'antan. Les guerres de tous contre tous larvées ou ouvertes qui y reviennent, réveillant les aversions innées sous les artifices frontaliers, découlent de cet inachèvement. De même qu'il explique à la fois l'agonie de naissance et l'acharnement à la puissance qui caractérisent la Turquie depuis 1923.

De son irruption, à partir du XIIIe siècle, à son apogée au XVIIIe siècle, l'aventure ottomane a abouti à former l'un des plus grands empires de l'histoire. Assise sur trois continents et quatre mers, la Sublime Porte régit une rare diversité de peuples, de langues et de religions. Le système dit de tolérance sur lequel repose cette imbrication a pour véritable fonction de garantir le despotisme du conquérant turc et sunnite. C'est hiérarchiquement que s'organisent les diverses communautés ethniques et confessionnelles. Elles sont regroupées et ordonnées selon le principe du *millet*: la confession de foi définit la « nation » qu'administre chaque clergé correspondant et à laquelle est appliqué un droit particulier, plus au moins restreint, ainsi qu'une taxation, plus ou moins lourde, selon son degré d'identification au modèle dominant.

Parmi les millets non-musulmans, se détachent les Grecs orthodoxes, les Arméniens apostoliques et les Juifs romaniotes, antérieurs à la conquête, rejoints par les Juifs sépharades après leur expulsion d'Espagne en 1492. L'asservissement se double pour eux de la dhimmitude, ce statut de second rang que le Coran réserve aux « Gens du livre » à la condition qu'ils acquittent un impôt spécifique, renoncent à toute charge de commandement et endossent les limites visibles et invisibles du ghetto comme cadre de leur existence. La stratégie de pérennisation de ces millets excentrés mais amples est typique de la situation de minoritaire : loyauté politique, socialisation urbaine, repli cultuel, entraide caritative, instruction supérieure, métier de service et médiation avec l'étranger.

Formant un tiers au moins de la population de l'Empire, Grecs, Arméniens et Juifs concourent hautement à sa prospérité économique et à son épanouissement culturel. Le pouvoir fait naturellement appel à leur expertise. Promus conseillers, ils ont à traiter avec les ambassades occidentales qui voient en eux des relais. Être à la fois les protégés de la Sublime Porte et des capitales européennes les expose à la jalousie de l'establishment et à la vindicte de la rue. À l'heure des *Tanzimats*, de la pressante réforme face aux reculs qui se multiplient, cette animosité explose. La banque, le chemin de fer, le télégraphe, ce sont eux, mais aussi les journaux, les beaux-arts et les cercles progressistes qui les accompagnent.

Surtout, les Grecs et les Arméniens sont les frères par le baptême de ces Hellènes, Serbes, Bulgares, Valaques qui se rebellent sur tout l'arc européen qu'a conquis jadis l'Empire et qui, les uns après les autres, déclarent leur indépendance avec l'appui soutenu de la France, de l'Angleterre et de la Russie. Au sein de ce mouvement irrésistible des nationalités qui agite aussi bien les Arabo-musulmans, à La Mecque, au Caire ou à Damas, ils sont désormais désignés comme la cinquième colonne de l'ennemi ancestral, l'Occident croisé devenu colonisateur.

Or, l'idée d'émancipation gagne également les Turcs, leurs élites militaires et universitaires sur lesquelles s'exerce directement la fascination contrariée de l'Europe. De la Renaissance et des Lumières, ses théoriciens majeurs ne veulent voir que la saga titanesque. Ils en retirent l'exaltation de la violence, de la rationalité, de la technique et de leur pouvoir transformateur. Si, dans les débuts, ils fraient avec leurs homologues arméniens, grecs ou juifs qui militent pareillement pour une révolution modernisatrice, l'impératif nationaliste, qui en est la traduction politique, va vite les opposer à eux. D'autant plus que, dans l'espace ottoman, nation et religion s'équivalent.

Les plus virulents adeptes de cette régénération par le feu et par la forge se réfèrent volontiers au darwinisme social. Ils en adoptent la représentation biologique des peuples qui mêle espace vital, lutte pour la survie et loi du plus fort. Ils en retirent que l'instinct conquérant prédestine le Turc sunnite à la suprématie, idéal auquel le califat ottoman a renoncé et qu'il trahit.

Moins empreint qu'eux de la littérature prétendument scientifique venue des bords du Rhin, le Sultan Abdul Hamid II va les précéder dans l'horreur en restaurant, après une parenthèse constitutionnelle, le despotisme oriental. Lui aussi, pour enrayer le recul ottoman, exalte le califat. Il innove cependant en le rénovant sous la forme du panislamisme moderne dont il sera le premier avocat. Son obstination à le mettre en œuvre coûte que coûte fait qu'il restera dans les annales comme le Rouge, autrement dit le Sanguinaire.

En 1878, les Empires européens obligent le trente-quatrième successeur d'Osman à signer le traité de Berlin qui confirme leur droit d'ingérence dans les territoires et les affaires de l'Empire ottoman. Les Arméniens, qui propagent l'esprit de 1789, prennent au sérieux les mesures de libéralisation auxquelles Abdul Hamid s'est engagé. Or, depuis toujours, pour la Sublime Porte, la pratique de la tolérance s'arrête là où commence la demande d'égalité.

La plèbe gronde, la fureur s'abat et, déjà, le sang coule chez les chrétiens des provinces reculées. À Constantinople, les Arméniens osent défiler et pétitionner. Les exactions suivent puis, de 1895 à 1897, la haine se déchaîne. Les forces gouvernementales et les masses paysannes enchaînent les massacres dont l'effrayant bilan se compte en centaines de milliers d'hommes assassinés, d'enfants islamisés, de femmes haremisées. Deux décennies avant le génocide, le « Grand Saigneur », selon la formule prophétique de Jaurès, a d'ores et déjà adopté le tri sélectif des communautés ottomanes au moyen de leur mise à mort cadencée.

Bien qu'étant les adversaires du sultanat qu'ils blâment du déclin, les membres du Comité Union et Progrès (CUP) pensent de même. Né dans l'École militaire d'Istanbul en 1889, ce mouvement clandestin réunit des officiers admirateurs du jacobinisme et adeptes du positivisme. En concordance avec leur doctrine de la régénération sociale, les Jeunes-Turcs, ainsi qu'ils se surnomment, se donnent pour mission de construire une nation ethniquement et confessionnellement pure, c'est-à-dire exclusivement turco-sunnite. Ils savent déjà qu'ils la fonderont sur un État autoritaire qu'encadrera une armée révolutionnaire conçue comme l'avant-garde du progrès (Kemal les rejoint en 1907, lorsque le CUP absorbe son propre groupuscule, Patrie et Liberté).

En clair, leur programme est celui de la Terreur, la lutte globale contre les ennemis de l'intérieur et de l'extérieur afin de confectionner un homme nouveau, le Turc ranimé, réparé, revitalisé, rendu à son devenir inné, l'émancipation par la domination. Quitte à creuser l'abîme identitaire qu'ils ébauchent en fomentant un génocide.

Le fantôme

Chez les plus éminents des Jeunes-Turcs, le sentiment de l'urgence est d'autant plus prégnant qu'ils proviennent des Balkans, sont nés ou ont fait carrière dans ces terres européennes autrefois conquises et désormais perdues par le Croissant. En 1908, ils fomentent un premier coup d'État, matrice des nombreux autres qui sont à venir. Mais, seconde invariance ottomano-turque, la révolution engendre immédiatement la contre-révolution et, dès 1909, au nom de la charia, se lève contre eux un fort mouvement conservateur qui regroupe paysans, artisans, troupiers et oulémas. L'enjeu de cette lutte est le califat en lequel s'unissent le sabre et le turban. Et plus précisément encore, lequel des deux doit commander l'autre.

L'effondrement de l'Empire s'accélérant à grande vitesse, les Jeunes-Turcs s'emparent du pouvoir en 1913. Le triumvirat que forment Talaat Pacha, Enver Pacha, Djamal Pacha rallie l'année suivante les Empires centraux, étendant ainsi le front de la Grande Guerre à l'Orient. Ils espèrent retirer de leur engagement militaire la réalisation de leur projet idéologique : un grand espace turc allant de l'Anatolie à l'Asie centrale. Un nouvel empire ottoman, mais cette fois sans présence allogène pour le détruire du dedans. Autrement dit, un panislamisme retaillé à la dimension du panturquisme.

Ce à quoi les Arméniens font obstacle. Ce pour quoi il faut mener à terme leur destruction. Jugés culturellement inassimilables, politiquement subversifs, diplomatiquement dangereux, militairement décidés, ils occupent géographiquement, de surcroît, le point de jonction entre les peuples turcophones (Turcs, Azéris, Turkmènes, Ouzbeks, Tadjiks, Kirghizes, Khazars, Ouïghours) et empêchent ainsi leur unification des deux côtés de la mer Caspienne. Il faut les éliminer et, cette fois, définitivement.

D'avril 1915 à juillet 1916, le parti dirigeant des Jeunes-Turcs procède à l'extermination des Arméniens ottomans. Le télégramme de Talaat Pacha, le ministre de l'Intérieur, est clair : « Le gouvernement a décidé de détruire tous les Arméniens résidant en Turquie. Il faut mettre fin à leur existence, aussi criminelles que soient les mesures à prendre. Il ne faut tenir compte ni de l'âge ni du sexe. Les scrupules de conscience n'ont pas leur place ici. »

Les arrestations massives accompagnées de spoliations, tortures, viols et meurtres, les déportations collectives à marche forcée vers les zones désertiques ainsi que les massacres de masse sur place, en chemin, ou à destination causeront la disparition de 1 600 000 hommes, femmes et enfants.

Les Jeunes-Turcs ont commis l'indicible, le premier crime contre l'humanité de l'ère contemporaine qui préfigure la Shoah et les génocides qui suivront. Ils ont profité de l'assistance logistique des Allemands pour organiser cette industrie du meurtre. Ils ont instrumentalisé comme supplétifs, sur le terrain, les Kurdes en jouant du motif religieux tout en réquisitionnant dans les prisons les criminels de droit commun sous la promesse d'une grâce humaine et d'une rédemption divine. Ils ont également englouti dans les charniers 200 000 Assyriens et Syriaques ainsi que 50 000 Yézidis, eux aussi coupables à leurs yeux du délit d'exister. Anticipant le chaos du XXe siècle, le grand renversement entre son début et sa fin, ils ont mené leur entreprise totalitaire en décrétant qu'elle relevait du djihad.

La Turquie moderne naît du sombre désastre de l'Empire et du trou noir du génocide. Elle n'est en soi responsable ni de l'un, ni de l'autre. Mais l'État turc reste dépendant des deux pour avoir délibérément et assidûment pratiqué à leur égard la confusion des mémoires, l'hypermnésie pour le premier, l'amnésie pour le second.

Le travail d'occultation aura commencé dès 1916. Il passera par la destruction des archives, l'intimidation ou la subornation des savants, le négationnisme d'État. À moins de quoi l'État turc devrait acquitter des dommages, restituer des territoires, ébrécher son mythe fondateur. Il lui faudrait demander pardon en admettant qu'il a fait coexister le peuple turc depuis qu'il est devenu une nation avec le mensonge. Avec le risque, sinon la certitude, que la Turquie n'implose sous cet acte de repentance.

La destinée posthume de Talaat Pacha illustre tristement cet enfermement mental. Réfugié en Allemagne après la guerre, le dernier grand Vizir est assassiné à Berlin, en 1921, par Soghomon Tehlirian. Cet Arménien rescapé du massacre est acquitté par le tribunal chargé de le juger. Assistant au procès, le jeune juriste juif polonais Raphael Lemkin en retire le concept de génocide qu'il imposera dans le droit international après 1945. Mais entre-temps, deux ans plus tôt, en 1943, en gage d'amitié, l'Allemagne nazie aura restitué à la Turquie kémaliste la dépouille de Talaat Pacha qui sera reçue avec tous les honneurs à Ankara. Aujourd'hui, outre le mausolée qui lui est consacré à Şişli, un ancien quartier arménien d'Istanbul, outre les places et les rues qui portent son nom à travers le pays, c'est la voie Talaat Pacha qui, telle une sommation, relie la Thrace européenne à la Thrace turque.

Bien qu'ils ne soient pas justiciables de l'abîme, ni Kemal, ni Erdoğan ne voudront le reconnaître. La négation du génocide est l'un des traits d'union que cache leur apparent antagonisme. Ni l'un ni l'autre n'entendront souiller la fierté nationale mais aussi en diminuer l'efficace. La spoliation qui a accompagné l'extermination est à la source de la modernisation. C'est aussi en s'appropriant les terres, les biens, les ateliers, les maisons des Arméniens que les Turcs sont sortis de l'incurie ottomane et que sont apparues les dynasties industrielles qui font depuis la richesse du pays et la réputation du « tigre anatolien ». Dans la réécriture de l'indépendance, ce profit matériel n'est pas moins collectif que le bénéfice mental car il s'étend tout autant aux descendants et conditionne leur culture de l'oubli.

Mais la raison primordiale de cet accord entre laïcistes et islamistes est politique. La négation du génocide est si constitutive qu'elle est inscrite dans la loi qui proscrit jusqu'à l'utilisation du terme, passible de prison. Une telle réédition du délit de blasphème sous couvert d'acte antipatriotique souligne la dimension religieuse du tabou. De manière obsidionale, l'historiographie officielle qui est distillée auprès de chaque Turc depuis sa petite enfance lui raconte qu'il est un survivant. Et qu'il a réchappé à l'engloutissement du djinn arménien assisté des ogres russe, français, anglais grâce à la guerre totale que la Turquie solitaire a gagnée contre le monde entier.

S'il est interdit de regarder en arrière et de nommer le crime, c'est pour ne pas compromettre l'avenir radieux. Et parce qu'entre-temps, pour atteindre ce but, tous deux, Kemal et Erdoğan, de même que les figurants entre leurs règnes, auront perpétué, sur un mode mineur mais égal dans son principe, la logique qui a irrésistiblement mené à l'effacement des Arméniens. Ils auront obstinément gommé du tableau, un à un, les reliquats de l'ancienne diversité.

Ce culte de la pureté a son prophète. Idéologue en chef des Jeunes-Turcs, le poète et sociologue Ziya

Gökalp exalte la nature religieuse du fait national et conçoit son peuple comme le meilleur candidat collectif à la surhumanité nietzschéenne. Il est l'auteur de la théorie des trois piliers de la sortie de l'Empire : « turquiser, islamiser, moderniser » les territoires restant. C'est-à-dire les purger de toute présence irréductible à une turcité totale, fondée sur un chef divinisé et une foi sécularisée. Son message ne va dès lors cesser de retentir dans les programmes des écoles théologiques et militaires, au sein de l'éducation, de la police et du parlement, dans la presse, à la radio et à la télévision.

Nationalisme ? Islamisme ? Ce n'est jamais qu'une affaire de proportion. Atatürk déclarera à maintes reprises que, plus que son géniteur charnel, aura compté pour lui son père spirituel, Ziya Gökalp. Erdoğan sera jeté en prison, le 21 avril 1998, au prétexte d'avoir déclamé, lors d'un meeting, le poème de Ziya Gökalp selon lequel « les minarets seront nos baïonnettes, les coupoles nos casques, les mosquées seront nos casernes et les croyants nos soldats ». On ne lui reprochera pas d'avoir cité ces vers composés par le chantre du turquisme, mais de se les être appropriés pour diviser les Turcs.

L'Empire ottoman est mort de n'avoir pas su traiter à temps la question de ses minorités. Il ne les a ni nationalisées par le sabre, ni islamisées par le turban. Alors qu'il aurait pu tenter chaque solution, l'une après l'autre ou les deux ensemble. La Turquie ne fera pas cette erreur. Elle se souvient qu'elle aurait pu ne pas être. Le cauchemar de se réveiller mort-née l'habite. Pour qu'elle ne périclite pas à son tour, il lui faut abattre l'adversaire avant qu'il ne la terrasse.

La Turquie s'est définie contre l'ennemi extérieur, qu'elle a fini par vaincre. Elle va devoir désormais se battre contre l'ennemi intérieur qu'il lui faut expurger. Si l'Empire a initié le processus génocidaire, la République sera la première à promouvoir la purification ethnique. Après le laïcisme, l'islamisme continuera l'entreprise cathartique, le grand nettoyage de la différence. Et ce, jusqu'à aujourd'hui.

La machine

Le drame arménien, par son impensable barbarie, se décline à jamais au singulier. Il représente néanmoins le pic d'une histoire plus large, plus longue, plus méconnue, pour partie cachée et pour partie réécrite, dont il faut mettre bout à bout les pages isolées pour en saisir l'ampleur. Cette histoire court sur le siècle turc. C'est celle de la destruction de toute minorité existante, qu'elle soit de confession, de culture, de conviction, invariablement assimilée à une intrusion fatalement hostile. L'éradication de l'humus sur lequel a éclos la Turquie nouvelle, elle-même préalable à l'extinction de la moindre opposition ou critique à sa floraison, est indispensable à sa glorieuse restauration.

En 1920, la déconstruction impériale que se propose de sceller le traité de Sèvres prévoit la restitution de leurs territoires historiques aux minorités opprimées, entre autres une Grande Arménie et un petit Kurdistan. Au lieu de quoi, elle laisse la place à la construction de la Grande Turquie qu'endosse le traité de Versailles en 1923. Les promesses de la communauté internationale n'engagent que ceux qui les reçoivent.

Mustafa Kemal y voit un blanc-seing pour son Meccano biopolitique. La révolution nationale doit perpétuer sa matrice, qui a été le réflexe survivaliste, et continuer à chasser l'altérité pour exister, sans quoi elle risque de retomber dans la fiction. Or la fabrique du Turc modèle ne fonctionne jamais mieux qu'en produisant, à rebours de son caractère exemplaire, son double démonisé. Ou plutôt ses doubles tant sont nombreux les candidats issus de l'Empire ottoman qui sont faciles à ranger dans le catalogue des indésirables ou des irrécupérables.

Dès l'instauration de la République, la modernisation se traduit par l'exclusion. Toute différence est assimilée à une dissidence potentielle. Toute dissidence est assimilée à un acte d'antipatriotisme. Tout antipatriotisme doit être supprimé à la racine. N'importe quel signe distinct doit être dissous dans une identité uniforme. Immédiatement commence la guerre civile que l'État va conduire contre ses populations réelles au nom d'un peuple imaginaire. La machine à concasser qui est alors mise en branle continue jusqu'à ce jour de fonctionner. Seul le carburant a changé (très exactement le pourcentage d'islam affiché).

Le même processus qui, hier, était conduit par le régime militaire, progressiste et laïc est reconduit aujourd'hui par le régime islamiste, conservateur et fondamentaliste. Les armes et les massacres ont laissé la place à un appareil systématique d'encadrement politique, administratif, juridique. La répression, elle, se poursuit de manière implacable au nom d'une même Turquie qui se veut toujours plus indivisible.

La honteuse lenteur de la communauté internationale à reconnaître le génocide des Arméniens explique que la même mécanique d'exclusion a pu inlassablement se reproduire dans un silence quasiment universel. À l'intérieur, au sein des masses populaires, sa systématisation a rendu possible sa sacralisation. Celle du bouc émissaire offert en propitiation pour conjurer le blasphème de la désunion. Du côté des opprimés, l'exemple a suffi d'avertissement. Ils se sont trouvés placés en miroir de cette tragédie oblitérée et, comme la communauté arménienne, isolés et bâillonnés. Du côté des oppresseurs, assurés de leur légitimité et de leur impunité à force de confondre coupables et victimes, d'absoudre les premiers et d'incriminer les secondes de l'origine du mal, a prédominé le sentiment d'une justice et d'une réparation immanentes.

La volonté d'éradiquer l'altérité n'a jamais cessé sous des formes moins extrêmes mais aussi efficaces qui ont été pensées et conduites par un État ignorant délibérément les droits fondamentaux et insensible aux variations idéologiques. La répression, elle, s'est poursuivie de manière implacable. Elle a touché et touche indistinctement quiconque déroge à être cloné sur l'archétype, le musulman qui n'est pas turc ou sunnite comme le juif ou le chrétien, le simple quidam comme le militant, le journaliste, l'intellectuel ou l'artiste. Et elle ira jusqu'à l'extinction du dernier contrevenant.

De l'anéantissement de l'autre à la négation du crime et au déni de soi, la Turquie existe-t-elle hors du conflit interminable contre elle-même qui la dévore en son tréfonds ? Alors que le passé ne passe pas, les dates et les événements se bousculent, qui attestent de ce dédoublement. Quant aux chiffres, ils sont proprement sidérants. Certes ils restent forcément indicatifs tant les statistiques demeurent incomplètes ou occultées, tant on ne peut établir que des moyennes à partir d'estimations, tant il faut les déduire de recensements partiels ou aléatoires, de tableaux aux fortes variations de méthode, de sources éparses aux critères fluctuants. Sachant cependant qu'ici comme ailleurs en pareil cas d'épurement ethnico-religieux, le pire finit le plus souvent par se révéler certain.

En cent ans, l'État turc, qui continue à nier l'extermination de 1 600 000 Arméniens, a expulsé 2 000 000 de Grecs, forcé au départ 100 000 Juifs, fait fuir 90 000 Assyriens, chassé 80 000 Yézidis, exclu 60 000 Dönme, interdit d'existence légale 15 000 000 Alévis ainsi que 20 000 000 Kurdes, brimé 3 000 000 Zazas et 200 000 Lazes. Il a jeté en prison de 300 000 à 400 000 Turcs qui se sont insurgés contre l'une ou l'autre vague de dictature. Il a laissé impunis les 5 000 à 10 000 assassinats politiques des Turcs qui ont milité pour une Turquie ouverte. Et son absence de règlement de la question kurde a provoqué, sur ce même siècle, au moins 200 000 victimes civiles. Le tout sous l'action conjuguée de l'armée, de la police et du *Derin devlet*, l'« État profond », le réseau des officines ultranationalistes qui réunissent des militants, mercenaires et maffieux à la main des cénacles oligarchiques et des services secrets.

Disparaître ou décimer : l'alternative s'est révélée une aporie qui a pour emblème le cimetière. Si l'on veut comprendre quelque chose au constant mal-être de la Turquie, il faut prendre en compte tous ses fantômes. Leur présence reste palpable dans sa géographie humaine parsemée de décors inanimés dont les protagonistes d'autrefois ont été réduits à un éternel silence. Des vestiges ripolinés des églises byzantines de Cappadoce aux décombres vacillants de la cité arménienne d'Ani, des quartiers juifs délabrés d'Istanbul aux villages kurdes calcinés de Dersim, de site supplicié en site aseptisé, des millions de touristes ont couru prendre en photo le gigantesque cénotaphe que le ministère de la Culture turc déclare pompeusement relever de la « grande civilisation anatolienne ».

Ces lieux de mémoire étant des lieux de martyre, la seule excuse qu'ont ces myriades de visiteurs somnambules tient dans le précautionneux mutisme de leurs gouvernements. Les chancelleries occidentales ont encouragé la machine à terreur turque en misant sur son apaisement progressif grâce à l'aspiration des Turcs à s'européaniser. Comme il est désormais prouvé, l'inverse s'est produit. Et ce, sans surprise, sauf pour les professionnels de l'utopie : l'État turc a moins rêvé l'Europe qu'il ne l'a cauchemardée. Il a en fait réédité ses pires expérimentations passées en les appliquant au peuple turc.

De Kemal à Erdoğan, la traque à l'anomie s'est perpétuée. Avec plus ou moins de réussite selon que le paria a été classé dans la case de l'étranger ou le tiroir du métèque. Réversibles à l'extérieur en raison de l'oscillation géopolitique d'une République qui, à l'instar des Empires qui l'ont précédée, est un Est-Ouest, les ennemis intérieurs sont restés eux irréversibles.

La purge

Contrairement au génocide, la purification ethnique et religieuse figure en toutes lettres sur l'état civil de la Turquie moderne. Là encore, le cerveau reptilien hérité de l'ère ottomane a sa part. La haine du Juif qui se découvre sioniste, du Grec qui se révèle patriote, de l'Arménien qui se revendique autonome remonte au XIXe siècle et à l'Empire. Mais l'avènement de la République, en 1923, ne l'éteint pas, elle l'amplifie. Puisqu'ils ont été des acteurs du démembrement, ces allogènes par naissance demeurent des artisans de désunion. Puisqu'ils ont leurs congénères dans des pays nouvellement indépendants, ces apatrides par vocation restent des ferments de division. Puisqu'ils ont des identités qu'ils ne veulent pas dissoudre dans la seule forme de citoyenneté permise, turque et musulmane, ces réfugiés par destination doivent être chassés.

L'arménité a son *Medz Yeghern*, l'hellénisme a sa *Megali Katastrophi* : si les deux termes se réfèrent à des événements inégaux par essence, ils renvoient à la même notion de l'irrémédiable. Une « grande catastrophe » suit en effet l'autre en moins d'une décennie. Au cours de l'hiver 1923-1924, la Société des Nations sanctionne la défaite militaire d'Athènes par un échange forcé de populations : 1 600 000 Grecs de Turquie contre 350 000 musulmans de Grèce. C'est Ankara qui réclame ce troc, considérant comme une menace de futur conflit toute présence « étrangère » sur « son » sol. Le chantage fonctionne. Depuis Genève, séparer et déplacer les peuples paraît préférable à les laisser s'affronter sur les mêmes terres. Le pari n'est pas seulement faux, il est aussi fautif. C'est la région tout entière qui va plonger dans une instabilité chronique au seul bénéfice d'une haine endémique : aucune frontière n'annulera jamais les géographies imaginaires. Le napalm déversé sur Chypre par l'aviation turque cinquante ans plus tard en apportera la terrible démonstration.

La présence hellénique sur la côte terrestre de l'Égée, autour de la mer Noire et en Anatolie, vieille de 3 000 ans, est réduite à néant. Sa disparition marque la deuxième mort de l'Empire millénaire de Byzance. Elle ramène à en dessous de zéro les sacrifices consentis pour assurer une permanence qui était depuis longtemps réduite à une soumission résignée. Alors que, de l'autre côté, aussi dure que ressorte la mesure, et elle l'est, il s'agit d'occupants ou de convertis récents qui incarnent auprès des populations locales la figure de l'oppression. Ces déracinés ne nourriront pas moins le désir et le projet de reprendre leurs anciennes « possessions » : ce sont les « Turcs du dehors » et leurs descendants qui, traditionnellement, fourniront l'appareil et la doctrine diplomatique d'Ankara.

Le souvenir du transfert établit également une sévère ligne de partage quant au sentiment de malédiction. Quittant un pays en guerre au cours d'un calamiteux exode, les Grecs sont victimes d'assauts et de violences qui causeront, selon les estimations, entre 50 000 et 100 000 morts, lesquels viendront s'ajouter aux 300 000 et plus de leurs congénères massacrés dans l'espace ottoman entre 1912, date de la première guerre balkanique, et cette même année 1923. Si le voyage vers l'inconnu est psychologiquement redoutable pour les Turcs de Grèce, il ne comporte ni persécution, ni famine ou la mort par épuisement à laquelle conduit l'exécution du départ sans délai qu'a ordonnée Genève.

Enfin, la Société des Nations commet trois bavures appelées à un peu plus entacher son magistère moral : le statut des réfugiés qu'elle s'efforce de définir lui est en réalité dicté par l'urgence qu'en raison de son impuissance fondamentale elle a renoncé à moduler. D'abord, en admettant la nationalisation rétroactive et automatique des déplacés antérieurs à l'échange, pour l'essentiel et massivement des Grecs qui sont sur les routes depuis 1912, elle donne l'avantage politique du vainqueur militaire. Ensuite, puisqu'il existe des Grecs turcophones et des Turcs hellénophones, elle accepte que le principe d'identification se fasse, comme pour le millet ottoman, à partir de l'appartenance religieuse : dans les faits, la Société des Nations promeut l'échange de chrétiens et de musulmans. Ce qui renforce, troisième torsion, l'homogénéisation ethnico-religieuse que le régime autoritaire de la

Turquie nouvelle comprendra comme une invitation à piétiner les quelques confessions reconnues et réserves autochtones que le traité de Lausanne a confiées à sa « protection ». Et condamnées à leur éradication.

Ces trois péchés originels conditionneront le ménagement avec lequel la communauté internationale traitera chaque nouvelle offensive turque sur chaque front de reconquête ottomane. Dès 1938, année de la mort de Kemal, Paris abandonne à la Turquie le sandjak d'Alexandrette, légitimant ainsi l'agitation orchestrée par Ankara de la minorité turque qui vit dans ce territoire arabe à forte proportion chrétienne, ce qui entraîne un nouvel exode pour les Arméniens rescapés du Génocide qui y ont trouvé refuge. En 1974, l'invasion de Chypre, l'opération Attila menée par les généraux turcs, se conclut par la partition de l'île que scelle le transfert des Chypriotes entre la zone libre et la zone occupée sur un critère religieux ainsi que la politique de peuplement qu'Ankara va poursuivre au nord jusqu'à aujourd'hui. À partir de 2002, la Turquie nouvellement islamiste, profitant des tergiversations de l'ONU et des interventions de l'Otan, reprend pied dans les Balkans, y dépêche des soldats, des prédicateurs, des enseignants, des investisseurs et devient le premier interlocuteur de la Bosnie et du Kosovo où Erdoğan enchaîne les tournées triomphales sous le vivat de foules brandissant l'étendard rouge à la lune et à l'étoile blanches qui, avant d'être le drapeau de la République turque servit, à partir de 1793, de bannière au califat. Un scénario qui se répète, aujourd'hui, aux bordures septentrionales de la Syrie, de l'Irak et, plus tragiquement encore, dans le Haut-Karabagh.

L'acceptation implicite par les grandes puissances de cet impérialisme dévorant, discontinu puis continu au fur et à mesure de la décomposition de l'ordre mondial, n'est rien toutefois comparée à leur consentement silencieux devant les effets parallèles, dans le même temps et en interne, d'un nationalisme non moins insatiable.

Là encore, bien qu'ils soient estimatifs, les chiffres les plus habituellement reçus ne sont pas moins parlants. En 1900, l'Empire ottoman, qui a alors fondu en étendue, compte environ 30 000 000 de sujets, soit 20 % de moins que la France métropolitaine. En 1910, dans les limites de la Turquie actuelle, à territoire égal, vivent 16 000 000 d'habitants dont 2 200 000 sont Arméniens et 2 000 000 sont Grecs. À elles deux, ces communautés chrétiennes qui sont très proches représentent donc, en pourcentage cumulé, au minimum 25 % de la population. S'ajoutent à elles, pour environ 5 % supplémentaires, les Syriaques, les Assyriens, les Melkites, les Latins, sans oublier les Réformés. Soit un total brut qui avoisine les 30 %. En 1924, période intermédiaire puisque antérieure à l'explosion démographique typique des sociétés musulmanes, les chrétiens ne sont déjà plus que 3 %. Un siècle plus tard, en 2010, ils sont passés à 0,3 %.

Autant que le taux de fécondité, le degré de persécution explique ce subit effondrement. Mais sur le temps long, c'est un véritable drame de civilisation qu'il signale. Il l'est pour les deux milliards et demi de baptisés répartis sur les cinq continents. Il devrait l'être pour tous les habitants de la planète soucieux d'histoire. Qu'après la Terre sainte, le christianisme soit à l'agonie dans son second berceau, celui des missions apostoliques et des conciles œcuméniques qui ont défini son message, constitue une mauvaise nouvelle pour le monde entier. Quant au fait que Mustafa Kemal se soit voulu un prophète de « l'humanité universelle » et Recep Tayyip Erdoğan un oracle du « dialogue des cultures », il faut en déduire que dans leur langage contribution et démolition sont synonymes.

Que ceux qui craindraient qu'un tel constat ne vire à la croisade et n'encourage quelque choc des religions se rassurent cependant (si l'on peut dire) : le décapage des « étrangers » chrétiens et juifs a été accompli pour l'essentiel avant 1970, sous le pouvoir républicaniste, ce qui en a dispensé l'actuel pouvoir islamiste qui a pu concentrer son effort de nettoyage sur les autres indésirables, les « parias » soit turcs par l'ethnie, soit musulmans par la confession, mais réfractaires au modèle unique – recto : turc véritable armé du sabre, verso : sunnite avéré coiffé du turban.

Il s'agit nommément, en premier lieu mais pas seulement, des Kurdes et des Alévis, emblématiques des nombreuses minorités sans statut, dépourvues en principe d'existence et pourtant récalcitrantes à se donner pour non-avenues et à s'auto-liquider sur un claquement de doigts. Nationaliser et islamiser étant les deux formes au fond indifférentes de la modernisation à la turque, la réussite du turquisme requiert que soit définitivement unifié le peuple afin de le rendre acteur de sa propre cause, la turcité. Pour atteindre une telle organicité, indistinctement utopique et totalitaire, il n'y a rien de mieux que la machine à broyer.

Le paria

La comptabilité et la chronique des communautés dites étrangères sur un siècle sont lancinantes mais indispensables pour saisir l'ampleur de la purification qui a été continûment à l'œuvre. On ne les peut examiner que successivement là où il faudrait les observer panoramiquement afin de mesurer la dimension systémique de cet arasement. Une fois de plus, dans l'exposé des chiffres tels qu'on peut les évaluer, on pourra contester la décimale, mais pas la déflation.

Les Juifs, pour commencer. De 120 000 en 1900, ils sont aujourd'hui tout au plus 10 000 et résident pour l'essentiel à Istanbul. En 1923, leur sympathie initiale envers le kémalisme au regard de ses accents progressistes ne leur apporte aucun avantage. Pire encore, des pogroms frappent les communautés de Thrace, dans la partie européenne, en 1933. Après 1949 et de manière affirmée à partir de 1958, l'alliance de la Turquie avec Israël sous l'égide des États-Unis, mais aussi au nom d'un front d'intérêts communs contre le monde arabe, leur assure cependant une paix relative jusqu'à la fin de la Guerre froide.

Dès 1986, des attentats sanglants frappent les institutions communautaires et vont s'amplifiant à partir de 2003. Avec l'arrivée au pouvoir à Ankara du parti islamiste, la rupture progressive des relations diplomatiques avec Tel-Aviv se double d'une montée de l'antisémitisme dans les discours officiels, les représentations médiatiques et les mentalités populaires. La « flottille pour Gaza » dépêchée en 2010 sous prétexte d'intervention humanitaire consomme ce tournant. La prétention d'Erdoğan à représenter l'Oumma passant par la surenchère sur la question palestinienne et un soutien actif au Hamas, les Juifs de Turquie sont à nouveau accusés de constituer « un lobby antinational de l'argent » et un relais de « l'impérialisme américano-sioniste », ce qui précipite leur départ.

Les Dönme, littéralement les « retournés », constituent un groupe singulier en tant qu'ils sont ethniquement juifs, confessionnellement musulmans et rituellement judéo-musulmans. Leur communauté est née au XVIIe siècle de l'épopée de Sabbataï Tsevi qui, parti en Terre sainte pour restaurer le royaume biblique d'Israël, a fini par être jugé comme un agitateur et a été contraint de se convertir à l'islam. Ses membres sont les descendants des adeptes du « faux messie » qui, comme lui, ont été frappés d'excommunication par les autorités rabbiniques. Si cette double filiation leur a valu les faveurs de l'Empire, ces mêmes faveurs ont causé leur disgrâce sous la République.

Se défiant politiquement d'eux, le kémalisme les a rejetés dans le camp des « communautés étrangères ». Soucieux d'imposer une orthodoxie restrictive, l'islamisme y a ajouté l'accusation de mécréance. Les Dönme, qui étaient 80 000 en 1900, sont aujourd'hui 18 000 et vivent eux aussi principalement à Istanbul. Ostracisés, condamnés à une existence semi-clandestine, ils ont le désavantage majeur de n'avoir aucun arrière-pays qui pourrait leur porter secours ou leur servir d'asile.

Les Arméniens sont dans le cas contraire. Tout les dessert dans le passé, le présent et le futur auxquels ils pourraient un tant soit peu se relier s'ils ne vivaient sous l'interdiction ne serait-ce que de les évoquer. Dans la suite de 1915, ils étaient encore une petite centaine de milliers de rescapés miraculeux à n'avoir connu ni la mort, ni le rapt ou l'exil. Ils ne sont plus que 45 000 à porter de manière muette l'héritage de ce cratère encore fumant. Depuis l'Est, où ils étaient majoritaires dans la région de Van, ils se sont repliés vers les mégalopoles de l'Ouest, à commencer par Istanbul, pour occuper quelques îlots barricadés que l'on reconnaît à leurs églises camouflées et grillagées. Jusqu'aux candidats au siège patriarcal, qui constitue l'une des quatre autorités canoniques de l'Église apostolique arménienne, sont soumis au bon vouloir du département des cultes qui les juge à l'aune de leur neutralité plutôt que de leur spiritualité.

Se taire sur le génocide est pour les Arméniens de Turquie la première condition de leur maintien. Ce n'est pas la seule. Il leur faut également exprimer publiquement leur réprobation de toute manifestation de l'arménité et s'en désolidariser. Dans les années

1970 qui voient émerger l'ASALA, une organisation de lutte armée née dans la diaspora, la petite communauté restante est mise en demeure de condamner le réveil plus large de la conscience nationale qui se lève alors de Paris à Los Angeles. Après 1991 et l'accession de l'ex-république soviétique d'Arménie à l'indépendance, elle est sommée d'approuver l'hostilité croissante qu'Ankara manifeste envers Erevan. D'intenable, la situation de ces otages de l'histoire est devenue impossible lorsque à l'automne 2020, en s'engageant au côté de l'Azerbaïdjan dans le conflit du Haut-Karabagh, la Turquie a ravivé le spectre de la disparition.

Le sort des Grecs ressort encore plus funeste car, dynamique invariable, l'inimitié grandit au fur et à mesure de la proximité. Dans leur cas, l'intrication est si profonde qu'elle commande l'obsession d'en gommer la moindre trace. Le simple fait de leur présence, même ectoplasmique, contredit point par point le mythe turc. Les Grecs témoignent de la préexistence de Byzance. Ils ont fourni à l'Empire ottoman son premier cadre civil et culturel, nourri sa mentalité, influé sur son art. Ce sont eux qui ont également donné le signal de départ des indépendances. Et eux encore qui détiennent aujourd'hui les territoires immédiatement limitrophes de la Turquie, maritimes au sud, terrestres à l'ouest, jadis conquis et naguère perdus.

Pour achever le tableau, Istanbul est le siège du patriarcat œcuménique de Constantinople, la chaire de la « Seconde Rome » qui, depuis le schisme, détient la primauté spirituelle sur 300 millions d'orthodoxes à travers le monde – dont les anciens vassaux entrés à leur tour en rébellion que sont les Bulgares, les Serbes, les Roumains, mais aussi les Arabes du Levant ou encore les Géorgiens du Caucase, ainsi que les rivaux récurrents que représentent les Russes, promoteurs de la « Troisième Rome ».

Dépourvu du moindre statut international, privé de son centre de formation de Halki depuis un demi-siècle, exposé aux menaces et aux attentats de l'extrême droite nationaliste comme de la frange radicale de l'islamisme, confiné dans le quartier du Phanar que le pouvoir central a délibérément peuplé de ruraux miséreux et fondamentalistes, subissant la fermeture de ses lieux de culte sous de fallacieux prétextes administratifs, le patriarcat est littéralement asphyxié.

Son avenir est d'autant plus critique qu'après l'échange des populations, la communauté grecque qui était d'ores et déjà résiduelle a été laminée. Ce sont de véritables pogroms qu'elle a subis, chaque fois sur plusieurs jours et chaque fois dans l'indifférence policière, lors de chaque crise qui a affecté les relations gréco-turques. D'abord en 1955, puis en 1960 et à nouveau en 1974 avec l'affaire de Chypre. Ils ont atteint leur but en maximalisant l'exode. De 200 000 en 1923, le nombre des Grecs de Turquie est tombé à moins de 3 000 en 2020.

Aucune de ces communautés ne bénéficie d'un régime de plein droit. Chacune a connu à un moment ou à un autre une persécution ouverte. Toutes continuent d'endurer la proscription de leur identité et la restriction de leur citoyenneté. Cent ans après 1915, prises entre assimilation et extinction, elles ont massivement émigré et, pour la plupart, elles auront bientôt disparu sans retour.

Que leur communauté de sort ait été organisée, c'est ce qu'illustre la mesure qui leur a été collectivement appliquée au mitan du XXe siècle. En 1942, au cœur de la Seconde Guerre mondiale, l'État turc crée un impôt sur la fortune, le *Valik Vergesi*, dix fois plus important pour les communautés juive, dönme, arménienne, grecque et en profite pour ficher leurs membres. 10 000 réfractaires sont punis de déportation dans des camps de travaux forcés. Les caricatures qu'affiche alors la presse turque de ces traîtres à la nation enfin enfermés derrière des barbelés se passent de commentaire.

D'autres groupes chrétiens continuent de subsister dans un plus grand abandon encore pour avoir été oubliés par le traité de Lausanne. Ils sont sémites comme les Syriaques et les Assyriens concentrés autour de leur fief monastique de Mardin ou comme les Arabes d'Antakya, l'ancienne Antioche, présents dans le bassin de l'Oronte. Ils sont caucasiens à l'instar de la part congrue des Lazes qui, sur les rivages de la mer Noire, a résisté à l'islamisation. Leurs origines suffisent à leur discrimination. Ils n'ont compté pour rien avant que, sous l'effet des guerres contiguës à la Turquie, l'afflux des réfugiés, et parmi eux de petits groupes de leurs coreligionnaires, ne leur redonne quelque relief.

Kemal a contre les juifs et les chrétiens d'être né dans la Thessalonique de la Belle Époque qui, comme l'Istanbul d'alors, est si cosmopolite que les turco-musulmans n'y emportent pas la majorité. Il en retire, autre adjuvant de sa compréhension toute particulière de la laïcité, que la diversité religieuse est en soi un facteur d'amenuisement de la construction nationale, particulièrement lorsqu'elle force à inclure les représentants des nations adverses. En raison de l'universalisme qu'ils professent, les chrétiens incarnent d'autant plus ce danger. L'Europe des églises, non. L'Occident des usines, oui.

Erdoğan ne procède pas autrement. Après s'être fait le champion de la lutte contre le choc des civilisations, il maltraite les papes Benoît XVI et François lors de leurs visites officielles respectives, en 2006 pour le premier, en 2014 pour le second, les rendant responsables du fait que l'Union européenne constituerait un « club chrétien ». En 1967, Paul VI avait été conspué pour s'être agenouillé dans Sainte-Sophie et avoir ainsi contrevenu pour sa part à la laïcité : la motivation change, l'exécration demeure. Le Saint-Siège ne ménage pourtant pas ses efforts de conciliation. C'est sans doute son tort. Aussi, en dépit de ses demandes répétées depuis 1970, l'Église catholique ne dispose-t-elle toujours pas d'un statut légal en Turquie. Si les leçons de l'histoire ne pèsent pas lourd à Bruxelles, elles valent leur pesant d'or à

Ankara où elles servent à désigner, encore et encore, l'ennemi de toujours.

Sous Kemal comme sous Erdoğan, la guerre d'indépendance qu'a imposée le démembrement de l'Empire n'a pas cessé. Elle a pris le visage d'une lente mais sûre purification de quiconque est inassimilable soit par le sabre, soit pour le turban et gêne leur compliqué pas de deux. C'est de la sorte que l'État turc systématise également son combat contre ses métèques qui double celui contre ses parias.

Le métèque

Les Kurdes et les Alévis demeurent la pierre d'achoppement sur laquelle bute la sortie de l'Empire. Tandis que les communautés étrangères sont vouées à se dissoudre ou à s'en aller, il n'en va pas de même pour ces entités domestiques. Chacune d'entre elles souscrit à l'un des deux critères de la construction nationale et religieuse, mais pas à l'autre. Et toutes deux regardent ailleurs.

Les Kurdes, minorité ethnique, et les Alévis, minorité confessionnelle, présentent par ailleurs le grave désavantage, vu d'Ankara, du nombre. Plus de 20 % de la population pour les premiers, pas moins de 15 % pour les seconds. De surcroît, leur sort est croisé car, par-delà le parallélisme de leurs destins empêchés, leurs membres se recoupent pour environ un tiers : en vrac, la Turquie compte plus de 20 000 000 de Kurdes et pas moins de 15 000 000 d'Alévis dont 3 000 000 au bas mot de Kurdes Alévis. Enfin, ces ennemis potentiels de l'intérieur sont reliés aux ennemis déclarés de l'extérieur : les Kurdes à leurs frères de sang qui vivent en Syrie, en Irak, en Iran ; les Alévis à leurs frères en esprit qui occupent l'arc chiite. Condamnés en Turquie à la non-existence, de naturellement résilients, ils sont passés au stade d'ultimement résistants.

S'ils présentent à la marge une vaste palette de cultes, entre autres zoroastrien, chrétien, yézidi, les Kurdes sont d'abord musulmans et, bien que pour partie chiites ou alévis, principalement sunnites. Un trait que, de conserve, les Ottomans, les Jeunes-Turcs et les Kémalistes vont tour à tour instrumentaliser avec ceux d'entre eux qui, au XIXe siècle, se sont massivement sédentarisés dans le sud-est de l'Anatolie alors à dominante arménienne.

C'est au nom de l'Oumma fondée sur la Sunna que les Kurdes vont exécuter sur le terrain les massacres de 1894-1897 ainsi que le génocide de 1915. Ces carnages planifiés leur sont présentés, depuis Istanbul, comme des djihads contre le chrétien forcément mécréant et traître, dominateur et spoliateur. Prenant conscience du crime et du rôle de supplétifs qui a été le leur, les Kurdes finiront par s'en repentir et demanderont, bien plus tard, pardon aux Arméniens. Entretemps, ils auront été à leur tour happés par la machine à broyer.

Quand survient le chaos qui suit la défaite de 1918, ce peuple depuis toujours sans terre revendique la création d'un Kurdistan indépendant que la Société des Nations est prête à lui accorder dans ce qui est aujourd'hui son fief turc, la région de Diyarbakir. De son côté, pour les gagner à sa cause politique, le sabre, Mustapha Kemal invoque l'unité religieuse, le turban, et leur promet l'autonomie dans le cadre d'une grande nation sunnite seule à même de rivaliser avec les puissances occidentales.

Ce que le futur Atatürk ne leur a pas précisé, c'est que son programme consiste dans l'abolition du califat, la républicanisation du régime, l'industrialisation de l'économie, la sécularisation des mœurs, l'urbanisation des campagnes et la turquisation des langues. Soit la dissolution de leur identité tandis que le traité de Lausanne, annulant celui de Sèvres, biffe le tracé de leur ex-futur pays et les intègre dans la Turquie nouvelle.

L'indépendance arrivée, la mainmise kémaliste met le feu aux poudres. Les soulèvements kurdes, qui sont d'inspiration variable, religieuse, tribale, nationale, s'enchaînent. De même que les répressions brutales qui conjuguent la mobilisation de l'armée, l'institution de tribunaux d'exception, la multiplication des déportations massives et l'accumulation des victimes civiles. Après les Arméniens et les Grecs, les Kurdes découvrent que la terreur ne connaît pas d'exception. Eux aussi sont coupables d'entraver l'avènement du Turc-maître.

Dès 1925, dans le Sud-Est, le cheikh Saïd Piran sonne la révolte des tribus. Ce défenseur de l'ordre féodal et de la charia finit pendu pour l'exemple. Ce qui n'impressionne guère le cheikh Mehmet qui, originaire de Crète, instruit et libéral, est issu de l'éminente confrérie Naksibendi et n'hésite pas à se proclamer en 1930 le Mahdi, le « rédempteur » promis par le Prophète. L'insurrection partie de

Menemen, sur l'Égée, enflamme l'ouest, de Konya à Bursa, avant d'être matée dans la plus grande violence. Cette même année, au nord-est, la république de l'Ararat qu'a créée la ligue progressiste et pankurde Khoybun, « être soi », et que défendent des partisans de fortune menés par l'officier de carrière Ihsan Nuri Pacha, tombe sous les bombardements. Moins d'une décennie plus tard, en 1936-1938, la révolte de Dersim, conduite par le chef alévi Seyid Riza qui est réputé avoir protégé les Arméniens, se trouve pareillement écrasée sous un déluge de feu et de gaz. Toujours en 1938, dans la province d'Erzincan, l'autorité militaire procède à la purge de villages alévis en fusillant une centaine de leurs habitants au motif que leur confessionnalisme « trouble l'ordre public ».

Dès lors, les Kurdes vont voir leur langue interdite, leur culture et leur identité recouvertes d'une chape de plomb. N'étant pas plus reconnus par l'État, les Alévis vont également devoir adopter une existence souterraine. Par réaction, l'anti-despotisme deviendra le trait commun de ces réprouvés soumis à une identique répression. L'exclusion du Kurde et l'excommunication de l'Alévi seront synchroniques. De même que leurs réveils et combats.

L'accusation politique est aussi bien religieuse que l'accusation religieuse, politique. Inscrit au registre des islams hétérodoxes, l'alévisme intègre les diverses traditions qui se sont donné rendez-vous dans ce carrefour des mondes qu'est l'Asie Mineure.

Recours aux révélations juive, chrétienne et musulmane ainsi qu'aux sagesses antiques et orientales, pratique de l'iconographie sacrée, du culte des saints, de la mixité dans la prière, usage de rites extatiques, définition charismatique de l'autorité, expérience intime du divin : la spiritualité alévie coche toutes les cases de l'hérésie selon le canon sunnite et s'offre aujourd'hui comme une cible de choix au couperet islamiste.

Dans le même temps, cette synthèse irénique, qui a sa part d'ésotérisme initiatique, aboutit dans sa part profane au libéralisme philosophique. Ce qui représente deux traits d'insoumission innée pour tout pouvoir absolutiste. La large diffusion de la spiritualité alévie dans l'Empire ottoman, eu égard à sa puissance de conciliation culturelle, n'a eu d'égale que son exposition à la persécution de la Sublime Porte chaque fois que la relation primordiale entre le sabre et le turban est entrée en turbulence. Et ce, a fortiori, quand la République a prétendu réduire cette instabilité sur un mode jacobin et a précipité la traduction militante de l'alévisme dans la sphère séculière : ses adeptes sont devenus les premiers défenseurs d'une société ouverte, d'une démocratie réelle et d'une justice active.

Dans la conjonction des malheurs partagés, la spiritualité alévie est venue soutenir et structurer la mentalité kurde en valorisant ce qu'elle recèle de moderne. Elle a accéléré la transformation d'une réaction conservatrice en une cause progressiste et le passage d'un état clanique à un projet fédérateur plus pertinents pour un peuple dont la diversité et la dispersion se déclinent en sept confessions, six dialectes, quatre pays et deux alphabets. Symétriquement, l'esprit combattant kurde est venu conforter l'engagement civil alévi. L'imposition autoritaire d'un particularisme politique et religieux, turc et sunnite, a ainsi favorisé la cristallisation d'une opposition à la complexion tout aussi politique et religieuse, mais au discours universaliste. C'est de ce conflit entre deux modernités programmatiques que la Turquie n'est pas sortie et ne pourra sortir qu'en changeant de logiciel.

Trop autonomes pour Atatürk, trop schismatiques pour Erdoğan, jugés trop subversifs par les deux, les Kurdes et les Alévis disparaissent du radar entre la fin des années 1930 et le début des années 1980. C'est-à-dire tout le temps intermédiaire de la République, rythmé par les dictatures militaires. Lorsque entre ses deux maîtres elle commence à s'effriter, recommence du même coup la persécution.

C'est dans la suite de 1968, alors que la contestation gagne diversement l'Ouest capitaliste et l'Est communiste, que s'amorce le réveil culturel des Alévis. L'affirmation pacifique de leur identité va être payée en retour par une violence systématique. Les tueries de Marash en 1978, de Çorum en 1980, de Sivas en 1993 décapitent l'élite du mouvement. Les pogroms à l'aveugle qui s'abattent régulièrement sur le petit peuple les complètent. Un même mécanisme préside à leur exécution. Lors de la prière du vendredi à la mosquée, la rumeur se répand que les Alévis, qui sont des athées déguisés, ont une fois de plus blasphémé le Prophète et injurié l'État. Sus à leurs quartiers ! Les attaquants demeurent d'autant mieux impunis que ce sont les organes de l'État profond qui les agitent. Que les Alévis meurent lors d'opérations policières incontrôlées, de mystérieux attentats anonymes ou de débordantes émeutes plébéiennes, leurs assassins demeurent impunis. Le 12 mars 1995, à Istanbul, la troupe tire sur les manifestants venus protester contre les centaines de disparitions violentes qui frappent la communauté. Le bilan est de 17 morts.

Erdoğan va reprendre pour l'achever la répression massive engagée par Atatürk. C'est lui qui, en 2013, un demi-siècle après Dersim, rallume délibérément le brasier. Ancien maire d'Istanbul, il veut raser le parc Gezi, près de la place Taksim et y édifier non pas une énième mosquée mais, en virtuose de la manipulation des signes, la réplique d'une ancienne caserne de janissaires détruite en 1909 par les opposants à la contre-révolution ottomane. Or, la zone, il le sait, est alévie. À la provocation répond l'émeute. Les manifestants réclament pêle-mêle le maintien de l'espace vert, la liberté de la presse et le désengagement dans la guerre de Syrie, sans oublier la fin de l'interdiction des baisers dans les transports publics.

Le 31 mai 2013, les escadrons d'élite de la garde mobile reçoivent carte blanche pour éteindre la contestation. Le sang coule. Le mouvement de protestation s'étend aux grandes villes du pays. Erdoğan appelle à l'union sacrée contre les fauteurs de troubles, bâillonne la presse, bloque les réseaux sociaux et sort vainqueur des élections municipales qui se tiennent au printemps 2014. On compte 21 morts, 4 000 blessés et 6 000 personnes arrêtées, pour la plupart Alévis et Kurdes (à 80 % selon le quotidien *Milliyet*).

Les Kurdes, en effet, n'ont pas plus été effacés que les Alévis. Eux aussi, au cours de la période intermédiaire et au tournant des années 1970, sont revenus sur la scène turque par le biais d'abord de l'action politique puis de la lutte armée. C'est en 1978 qu'Abdullah Öcalan fonde le Parti des travailleurs du Kurdistan (PKK). Le mouvement s'affiche marxiste et révolutionnaire ainsi que le veut l'époque. Deux facteurs discriminants de plus pour le pouvoir conservateur appuyé par l'armée alors que les campagnes anticommunistes battent leur plein à la demande de Washington.

Pour éteindre ce regain contestataire, il faut emprisonner, torturer, abattre le Kurde militant et convaincre le Kurde ordinaire qu'il n'existe pas. Les prisons débordent des deux catégories. Une stratégie là encore perdante qui, invariablement, sous tous les cieux, rallie et soude les masses derrière les avant-gardes. Les exactions gouvernementales, les années suivantes, confortent la mobilisation.

L'été 1984, Öcalan relance l'insurrection dans le pays kurde, au sein de ce sud-est qui avait été promis jadis indépendant et a déjà tourné, sous Kemal, au champ de bataille. L'armée riposte en déclarant l'état d'urgence. Elle conduit ce qu'elle nomme une « guerre totale et légale contre l'ennemi séparatiste et terroriste » qui causera la mort de 42 000 civils, le déplacement de 350 000 réfugiés et la destruction de 3 000 villages au cours de la décennie suivante. Elle poursuit le PKK jusque dans sa base arrière irakienne, lequel réplique par des attentats terroristes sur le territoire turc et en Europe. Les représailles se multiplient dans l'ombre de part et d'autre tandis que la guerre s'étend en filigrane dans d'autres pays. Mais la capture d'Öcalan, le 15 février 1999, à Nairobi, fait qu'un an plus tard le PKK, privé de son chef historique, accepte un cessez-le-feu. Il est rompu en 2004, les Kurdes ayant échoué à obtenir le statut négocié qu'ils espéraient.

L'échec est patent. En 70 ans de répression, le mouvement kurde s'est fait plus radical et s'est rendu plus populaire. Il incarne une rébellion armée qui contrecarre la deuxième armée de l'OTAN, une résistance passive qui écarte de la vie publique trois Turcs sur dix et une espérance politique pour ses émules dans les pays voisins.

À défaut d'assimilation, il reste l'intégration. Ce qu'a compris Erdoğan après son arrivée au pouvoir, en 2003, conscient qu'il est également que la question kurde parasite ses bonnes relations avec l'Europe, alors le facteur clé de son ascension. Il n'a d'ailleurs qu'à annoncer le plan que lui ont concocté les technocrates bruxellois. Mais à la différence de l'intendance, l'application ne suivra pas.

Reconnaissance de l'identité, promotion de la langue et de la culture, droit d'organisation, soutien économique en échange de l'abandon du séparatisme : comme avec les autres réprouvés, Erdoğan prend en apparence le kémalisme de revers et promet tout aux Kurdes pour étendre son assise. Une fois de plus, les observateurs s'illusionnent en prenant à la lettre le discours qu'il prononce le 12 août 2005 à Diyarbakir. L'éloge de la démocratie et de la diversité qu'il y dresse a pour limite l'avertissement conclusif dont il menace : l'État turc a pour mission de combattre les trois nationalismes qui le concurrencent, ethnique, religieux et régional. Et de les annihiler d'une façon ou d'une autre.

L'ouverture n'est que de façade. Les annonces saupoudrées d'amitié se révèlent dépourvues d'effets concrets, ou seulement palliatifs. Comme les Alévis, les Kurdes continuent d'être soustraits à l'égalité que proclame la Constitution turque. Y compris dans le Sud-Est, ils demeurent des citoyens de seconde zone, discriminés par l'administration, harcelés par la police. En 2010, alors que les accrochages n'ont jamais cessé, reprennent les affrontements armés.

Erdoğan est subrepticement revenu à la politique kurde d'Ankara depuis un siècle, autrement dit répressive. Comme Kemal, il lui faut manipuler les identités ethniques et religieuses pour maintenir l'utopie et personnellement perdurer. En polarisant la Turquie et les Turcs sur l'urgence de la survie.

La sienne, à la tête du pouvoir, ne va pas de soi. Alors qu'il s'efforce, à partir de 2011, de propager le néo-ottomanisme au-delà des frontières, ce sont les frontières internes qui craquent au profit d'un rassemblement inédit des oppositions. Sur le front religieux d'abord. En dépit de leurs divergences doctrinales, les confréries soufies et les communautés chiites se sont rapprochées de la mouvance alévie. Sur le front politique ensuite. L'opposition démocratique se reforme autour du Parti des Peuples (HDP), kurde et autonomiste, mais élargie aux centristes, écologistes, régionalistes, féministes et autres marges dissidentes. En d'autres termes, pour la première fois en Turquie, les compartimentages religieux et ethnique ne déterminent plus les alliances et les votes. Un danger mortel pour Recep Tayyip Erdoğan dont la nette dérive autoritaire, depuis qu'il a été élu président en 2014, vise à obtenir les pleins pouvoirs.

En juin 2015, l'AKP, le parti présidentiel de la justice et du développement, perd les législatives. En rien prêt à s'avouer vaincu, Erdoğan va savamment attiser la guerre civile sous couvert de l'éviter. Le 20 juillet, un attentat-suicide attribué officiellement à Daech frappe la ville kurde de Suruç dans le Sud-Est. Déferle une vague de protestation massive. Les manifestants dénoncent la collusion entre l'État turc et l'État islamique. La répression est féroce, la diabolisation des ennemis de l'intérieur reprend et l'insurrection avec. Le prétexte est providentiel pour casser le résultat des élections et, en novembre 2015, l'AKP gagne le nouveau scrutin législatif. Le 4 novembre 2016, au cours des purges qui suivent le putsch de l'été, le chef du HDP, le zaza Selahattin Demirtaş est arrêté et condamné à la prison pour haute trahison et complot terroriste.

Cette fois, Erdoğan a définitivement réendossé les habits d'Atatürk. Pour autant, se rêve-t-il vraiment un nouveau sultan ? Un nouveau calife ? Un nouveau Reis mais islamiste ? Se satisfait-il seulement de déplacer le centre de gravité de la République, de la rendre impériale, de la désinscrire de l'Occident pour la réinscrire au sein de l'Oumma ? Rien n'est faux dans ces assomptions. Mais elles restent en deçà de la transsubstantiation historique qui s'opère entre les deux leaders, celui du recommencement et celui des recommencements.

L'avatar peut enfin traiter d'égal à égal avec l'archétype. Kemal a été le fondateur. Erdoğan sera le refondateur. Jusqu'au critère de l'islam qui sert à les opposer ne compte guère. Ou autrement qu'on ne croit. Pour les conquérants, dans la lignée d'un Mehmet, ce n'est ni le sabre, ni le turban qui en soi importe mais leur alliage triomphant à la face du monde. Et sur ce point, l'histoire offre d'autres opportunités, moins contraintes, au second qu'au premier des deux Grands-Turcs contemporains.

Le chef

Un quart de siècle après Kemal et un quart de siècle avant Erdoğan, au mitan des années 1960, la Turquie éprouve un immense vague à l'âme. Il lui manque une figure d'incarnation pour la rassurer sur son existence et sa viabilité. Les enquêtes d'opinion menées dans l'arrière-pays anatolien trahissent la frustration et l'attente des masses populaires. Les sondés réclament un chef qui saurait protéger la patrie et la famille, distiller la force, instiller la morale, nettoyer le pays des oppositions et des corruptions, sauver la nation de l'aliénation. Et empêcher sa soumission à l'étranger.

C'est irrésistiblement que la Turquie se cherche un homme providentiel, un guide inspiré, un leader suprême. Peu importe, au fond, le masque et l'accoutrement qu'il revêt. Un coup occidental, un coup oriental. Hier, Kemal, au nom de la révolution politique. Aujourd'hui, Erdoğan, au nom de la réaction religieuse. Au portrait omniprésent de l'Ancêtre se substitue l'enluminure envahissante de l'Aîné. Demeure le culte de la personnalité.

Le citoyen ordinaire ne s'y trompe pas lorsqu'il juxtapose dans son bureau, son échoppe ou son salon les deux icônes retouchées d'un même prototype messianique. Il consacre l'hagiographie officielle car elle concorde avec son instinct vital. Pour lui, il n'y a pas césure de régime, mais droit de suite. Il a raison. Les prétentions du successeur ne s'éclairent que lorsqu'on les mesure aux ambitions du précurseur. Le but d'Erdoğan ? Égaler Kemal. En inversant les signes au passage ? Parce que la différence des temps le requiert.

Les biographies des deux hommes, les légendes, les postures et les images qui semblent les dissocier, constituent un tout entremêlé lorsqu'on les sort du kaléidoscope idéologique qui multiplie à l'infini leurs différences de surface. Ce ne sont pas eux, mais leurs époques qui varient. Une fois épuisés les contextes, les antithèses qu'ils sont censés représenter se révèlent participantes d'un même impératif. Il est une seule Turquie. Ce n'est pas elle qui change, c'est le monde autour d'elle.

L'éducation ? Le fils de la petite bourgeoisie de Salonique qu'est Mustafa Kemal, réfractaire à l'apprentissage en arabe des versets du Coran, quitte l'école religieuse de son bourg pour rejoindre un établissement profane. Gamin humilié du quartier miséreux de Kasimpaşa, à Istanbul, astreint à une scolarité depuis longtemps dévitalisée de son élan laïc, Recep Tayyip Erdoğan fuit, à l'adolescence, le collège public pour la madrasa locale. Aucun des deux n'est un bon élève. L'un et l'autre sont des révoltés précoces, préférant chacun choisir son univers.

Arrivé à Istanbul pour y intégrer l'École militaire, Mustafa Kemal se souviendra à jamais du choc que lui a causé le spectacle d'une ville divisée. De chaque côté de la Corne d'Or se tiennent deux mondes. À Sultanahmet, autour de la mosquée d'Ayasofya, des ouvriers en burnous, des paysannes en tchadors vaquent au rythme des appels psalmodiés des muezzins à la prière. À Beyoğlu, autour du Pera Palace, des bourgeois en costume, des dames en bloomers conversent aux terrasses des cafés parmi les camelots vantant les derniers accessoires débarqués d'Europe et les vendeurs de journaux à la criée. Recep Tayyip Erdoğan rappellera toujours la rage qu'il a éprouvée à voir les miliciens harceler de leurs propos salaces les filles voilées rasant les murs de son faubourg, rosser les vieux coupables d'avoir déroulé leur tapis et prié au coin d'une rue tortueuse. Et ce, avant d'aller rendre leurs civilités aux nantis du quartier d'à côté, Beyoğlu, si proche et si lointain. Chacun d'eux passera de l'un à l'autre de ces mondes avec la même ambition de les réunir.

L'engagement ? À l'École de guerre, Kemal découvre l'esprit des Lumières, lit les Encyclopédistes et intègre le cercle révolutionnaire des Jeunes-Turcs qui forme alors une société secrète inspirée de la Franc-maçonnerie. Il a 25 ans lorsqu'il est initié dans la loge Vedata dont il finit par s'éloigner, jugeant contraire à la construction de l'unité nationale la tendance sectaire de telles fraternités aux rituels mysticisants. Elles sont par nature indociles à la républicano-démocratie qui lui apparaît être la seule planche de salut.

Erdoğan, lui, abandonne un début de carrière au football pour entrer dans un groupuscule clandestin lié aux Frères musulmans où il apprend par cœur les classiques de l'islamisme contemporain. Il écrit et interprète, à l'âge de 20 ans, une pièce de théâtre complotiste intitulée *Maskomya*, acronyme populaire pour *Mason-Komunist-Yahudi*, « Maçon-Communiste-Juif ». Puis il réalise que pour gagner le pouvoir, il lui faut sortir de cette marginalité, enclencher un vaste rassemblement populaire et réunifier la nation, pour assurer sa sauvegarde, sous la bannière de l'islamo-démocratie.

La conquête ? Le héros militaire qu'est Mustafa Kemal s'impose comme le vainqueur de toute opposition à sa recréation étatique. Entre 1923 et 1938, il écrase une à une les protestations et les révoltes, de même que les conspirations, réelles ou inventées, de ses anciens camarades qui entendent endiguer sa dérive césarienne. De 1925 à 1935, soit quasiment du soir au matin, il conduit une politique radicale de transformation : passage à l'alphabet latin, au calendrier grégorien, au dimanche chômé, interdiction de l'arabe, du fez, du hijab, de tous les signes distinctifs, laïcisation des lieux d'enseignement et sécularisation des lieux de culte, assimilation forcée des minorités et nationalisation de l'islam.

Quand ils n'existent pas, ou à peine, Kemal excite ou suscite ces adversaires qui lui permettent de crier à l'urgence, de perpétuer l'état d'exception, d'instaurer la dictature. Il ira jusqu'à créer, en 1930, un faux parti d'opposition pour maintenir l'image d'une démocratie représentative avant de proscrire, deux ans plus tard, le multipartisme. Cette même année 1932, Kemal se rapproche ostensiblement de la Russie soviétique et de l'Italie fasciste. La mutation est parachevée en 1935, trois ans avant sa mort, lorsqu'il étend la persécution à ses seuls soutiens musulmans de poids, les mouvements fondamentalistes qui se veulent dans le même temps modernistes. Un peu plus tôt, le 24 novembre 1934, à l'occasion de sa deuxième réélection, le Parlement lui a décerné le titre d'Atatürk qui fait de lui « l'égal des anciens Turcs ». Un nom propre appelé à demeurer unique.

Erdoğan va suivre la même logique solitaire, conquérante et absolutiste. Dépourvu de la gloire des champs de bataille, il se montre un fin stratège des campagnes électorales, jouant des scrutins et des institutions pour mieux les détourner au profit de son ascension. Contrairement à ses précurseurs, il saura allier populisme et pragmatisme. Démagogue roué, il gagne en 1994 la mairie d'Istanbul. Élu sur la promesse de combattre la corruption, il entreprend d'islamiser les mœurs. Il remporte les législatives de 2002 grâce à un hold-up clientéliste. Se présentant comme le champion modéré d'une nouvelle ère de libertés et le défenseur intransigeant de l'entrée dans l'Europe, il réussit à agréger au vote religieux les voix de la bourgeoisie provinciale, des élites culturelles et des franges minoritaires. Elles déchanteront, mais trop tard.

Comme Atatürk, Erdoğan a pris le pouvoir pour ne pas le rendre. Comme Atatürk, Erdoğan va éliminer un à un ses opposants avérés ou potentiels. Lui aussi, il manipule et instrumentalise à tout-va. Entre 2007 et 2009, le procès de la supposée conspiration « Ergenekon » pour décapiter l'État-major. En 2013, les émeutes populaires pour sanctionner la communauté alévie. En 2015, les attentats djihadistes pour relancer la guerre antikurde. En 2016, le putsch militaire pour se débarrasser de la mouvance islamiste dont les affiliés ont consolidé son pouvoir en infiltrant l'appareil d'État. La purge qui s'ensuit permet sa réélection en 2018 qui accentue la présidentialisation qu'il a imposée quatre ans plus tôt et marque sa propre accession au césarisme.

De point en contrepoint, la similarité aboutit à la similitude. Par où commencer ? Par le déni démocratique ? Lors des élections de mars 1932, Mustafa Kemal déclare : « Que le peuple ne s'occupe pas de politique pour le moment. Il faut que je gouverne ce pays pendant longtemps encore. Après cela, nous verrons s'il est capable de se diriger lui-même. » Lors du référendum d'avril 2017, Recep Erdoğan proclame : « Ceux qui pensent à voter non se rallient en fait au camp des terroristes. » Par où finir ? Par la fascination totalitaire ? Le 10 juillet 1933, le journal officiel *Milliyet* publie un entretien avec Hitler dans lequel ce dernier célèbre en Kemal l'« étoile scintillante » qui l'a « rendu confiant dans la victoire finale du national-socialisme ». Le 31 décembre 2015, lors d'une conférence de presse à son retour d'Arabie Saoudite, Erdoğan loue les réussites techniques du Troisième Reich et vante dans le Führer « l'exemple du régime fort » qu'il veut instituer. Ou mieux, ne vaut-il pas débuter et conclure sur la précellence de la Turquie face au reste du monde puisque Kemal finira par chasser les pro-allemands de son entourage et Erdoğan par traiter la chancelière Merkel de « nazie » ?

La Turquie seule, voilà à quoi ils communient et tant pis pour leurs alliés respectifs, eux aussi interchangeables, qui ne peuvent ou ne veulent le voir et le savoir. Comme elle, ce sont tous deux des rescapés qui ont failli tout perdre et être jetés dans les oubliettes de l'histoire. Leurs adversaires respectifs ont voulu qu'ils disparaissent. La marque d'infamie apposée sur chacun d'eux, Kemal et Erdoğan, Erdoğan et Kemal, leur reste un souvenir amer. Mais cette épreuve personnelle a éprouvé leur conviction réciproque d'avoir été choisis par le destin et a scellé la détermination de leur jusqu'au-boutisme.

Kemal ne peut oublier que sa tête a été mise à prix, en 1920, par le pouvoir légal de l'administration et symbolique de la religion lorsqu'il s'est révolté contre l'impotence d'une théocratie mourante. Erdoğan, qu'il est allé deux fois en prison, en 1980 sous la dictature des militaires, en 2002 sous la décision des juges lorsqu'il s'est insurgé contre l'incurie d'une démocratie subclaquante. L'État, c'est eux. Et tant pis, également, pour leurs compagnons de route qui l'apprendront à leurs dépens. Le pouvoir absolu ne se partage pas.

À Ankara, d'où est partie la résistance à l'ennemi, dans la nouvelle capitale que s'est choisie Atatürk, la cité exemplaire dont il a rêvé au centre futuriste, découpé en lignes géométriques tirées au cordeau et néanmoins entouré aujourd'hui de bidonvilles, domine l'Anıtkabir, le mausolée pharaonique où repose la dépouille du « Turc-Père ». C'est là où sont célébrées les liturgies civiles, prêtés les serments sacrés, glorifiées les fêtes nationales. Là encore où tout dirigeant étranger en visite officielle doit obligatoirement se rendre pour fleurir la tombe de Mustafa Kemal comme si ce deuil était universel. Pour contresigner le livre d'or comme on le fait d'une reddition militaire. Pour s'incliner.

À Ankara, dans la solitude du gigantesque palais kitsch aux mille pièces qu'il s'est fait bâtir tout près de la maisonnette où Kemal méditait ses plans de guerre, Erdoğan sait qu'il détient à son tour l'ensemble des pouvoirs. Exécutif, législatif, judiciaire comme médiatique, économique, religieux. Il est l'épigone parfait. La nation a eu un premier père, elle a un premier frère. Le clerc, le soldat et, entre les deux, le voile, ces sujets controversés qui feraient de lui un dynaste rebelle et indigne ? Tout pareil, en fait. D'identiques leviers de construction et de conquête. Et tant pis pour les idiots utiles qui ne comprennent pas que si le Bosphore se traverse dans les deux sens, il n'est qu'une seule façon de passer le Rubicon.

Le clerc

Ne retenir que les aspects de progrès dans le régime kémaliste ne permet pas d'établir la réalité alternative de la Turquie. Alternative et non pas alternée. Non pas au sens de la binarité de phases consécutives et contrastées mais de l'égalité des impulsions tantôt positives, tantôt négatives d'un unique courant énergétique. De ce battement, témoigne par excellence la laïcité à la turque. Elle clignote si fortement qu'elle finit par hypnotiser le regard.

Laik : le principe semble si inhérent qu'affleurant dès 1921 et 1924 dans les premiers essais de Constitution, il est inscrit en toutes lettres dans les Constitutions révisées de 1937 et 1980. Mieux, il est hissé au rang de pilier de la République et le demeure en 2020 pour tous les partis en présence, y compris l'islamisme de gouvernement.

La définition qui en est donnée n'est pourtant pas celle, française, d'une séparation entre les sphères temporelle et spirituelle. Au contraire. En Turquie, est-il écrit, l'État institue, gouverne, encadre, régule, surveille et contrôle la religion. Hors de quoi, elle doit être réprimée car elle devient alors facteur de division et de sédition. Aussi, quand l'alinéa 45 de l'article 8 dans la Constitution affirme que « nul ne peut, de quelque manière que ce soit, exploiter la religion, les sentiments religieux ou les choses considérées comme sacrées par la religion », faut-il lire, en comblant les pointillés, « nul autre que l'État ».

La laïcité en Turquie signifie que le fait religieux se soumet au pouvoir étatique. Elle est le pseudonyme d'une religion officielle qui ne dit pas son nom et qui n'est autre que l'islam sunnite doté du statut de culte national. Ce même sunnisme constitue non seulement un élément mais encore un fondement de la turcité en marche. Il ne ressort pas qu'indéracinable, mais indispensable. Ce qui implique de le nationaliser. Autrement dit, de bureaucratiser son fonctionnement.

C'est chose faite dès 1924. D'un même mouvement, le califat est aboli, l'office du Grand Mufti est dissous et est instituée la Diyanet İşleri Başkanlığı, la direction des Affaires religieuses, qui se substitue en tant qu'administration civile à l'autorité coranique. Pensée selon un schéma essentiellement technocratique, elle va vite montrer une redoutable efficacité à ne rien laisser subsister de privé dans la sphère religieuse.

D'où la mécompréhension coutumière. L'ancien Jeune-Turc qu'est Mustafa Kemal se veut moins un adversaire de la religion qu'un réformateur de l'islam, cette religion turque par excellence. Mais à la condition expresse que ce même islam soit exclusivement sunnite, parfaitement endogène et complètement à sa main. À côté de l'ethnie, et de manière plus pertinente, puisque la conversion des croyances est plus aisée à produire que la mutation des gènes (thème qui occupe le très scientiste Kemal), il représente l'autre marqueur identitaire du peuple qu'il lui reste à façonner.

Dès qu'il s'attache à résumer sa conception de la laïcité, un syllogisme quelque peu bancal mais parlant revient sous la plume d'Atatürk : parce que le citoyen nouveau ne peut être que Turc, que le Turc nouveau ne peut être que musulman, alors le nouveau Turc-musulman ne peut être que laïc. Au sens où rien en lui, de lui, par lui ne viendra interférer avec la construction de la nation par l'État.

Le chantier de la reconformation religieuse va s'étendre sur la décennie des grandes réformes, entre 1925 et 1935. Elle accompagnera l'arrivée des instituteurs et des tracteurs dans les villages, l'implantation de l'électricité et du téléphone dans les cités. Contemporain de Mussolini et de Staline, Kemal lui aussi croit à la puissance démiurgique de la technique. La laïcisation sera dès lors confondue avec la modernisation, elle-même confondue avec l'occidentalisation. Un imbroglio qui nourrira les illusions de l'Europe et les désillusions de l'Oumma. Sur place, en Turquie, elle légitimera pour longtemps l'idée que l'accession à la normalité ne peut aller sans l'imposition de la violence.

Kemal décrète le changement et, comme au tribunal militaire, la désobéissance est sévèrement punie, les pendaisons à la chaîne valant rappel à l'ordre. Pour lui, ce sont les confréries soufies, les écoles et les juridictions coraniques qui, en s'opposant à lui, provoquent d'elles-mêmes leur bannissement. En refusant son islam éclairé qui est le pendant de son despotisme éclairé, en n'acceptant pas que la religion passe sous la domination de l'État, elles se déclarent factieuses. En empêchant la nationalisation des pratiques (dont la scansion du temps par l'appel à la prière qui se fait non plus en arabe mais en turc), elles se rangent dans le camp des ennemis de la nation.

La dimension spectaculaire des rétorsions peut abuser l'œil. Les sanctuaires, mosquées et couvents les plus conservateurs et réfractaires sont ostensiblement réaménagés en « maisons du peuple ». Ils deviennent en fait des centres d'instruction civique où continue de prévaloir le Coran, la matière première culturelle n'étant pas aussi rapidement modifiable que l'étiquette qu'on lui colle. Or, en privant l'islam traditionnel de sa théologie et de sa mystique, quelle que soit la valeur qu'on leur attribue, Atatürk facilite sur la durée, et c'est le premier des paradoxes qui le lie à Erdoğan, l'émergence de l'islamisme qui leur est hostile par nature.

Dans le même temps, les scissionnistes parmi les minorités indésirables sont rétribués pour leur allégeance. Tel est le cas de l'« Église orthodoxe turque », un micro-schisme opportuniste né en 1921 faisant profession d'ultra-chauvinisme sans cependant faire d'adeptes (l'Union soviétique connaîtra la même déconvenue en fondant en 1924 l'« Église rénovée », plus socialiste que spirituelle). Ou les singularités sont cultivées : les Bektachis ont beau participer de la nébuleuse alévie, le fait qu'ils aient fourni un cadre de religiosité rituelle aux janissaires et qu'ils suscitent en cela la reconnaissance émue de Kemal leur assure une tolérance inattendue (le problème des révolutions culturelles est qu'elles s'exercent sur une histoire concrète).

En bref, on sécularise et on sacralise les marges à grand train en les passant au crible nationaliste. Mais ces mesures brouillonnes ont pour effet paradoxal d'éroder l'irréversibilité supposée des actes fondateurs que pose la révolution. Plus gravement encore, elles prouvent que le fait religieux est susceptible d'instrumentalisation politique, quand il ne s'agit pas de pure manipulation. Une brèche dont les islamistes, là encore, sauront ultérieurement profiter.

L'axe principal, lui, ne souffre pas de tergiversations. Au moins au début et en apparence, car il recèle également un paradoxe latent. Le ciment retenu pour édifier la nouvelle religion d'État, laquelle a pour objet l'État, est la source de la fissure qui, dans le futur, ira grandissant. D'un côté, l'islamisation ou la réislamisation du peuple selon le canon étatique devient la condition de sa laïcisation. De l'autre, désislamiser l'appareil étatique devient la condition de cette même laïcisation du peuple.

L'entrée dans la modernité politique est entendue par Kemal comme le rassemblement militant et combattant de toutes et de tous sous une même doctrine nationale. L'armée, la justice, la police et l'éducation qui en sont les vecteurs de diffusion doivent être déconfessionnalisés car ses agents constituent précisément la cléricature temporelle que l'État s'octroie contre les clergés spirituels. Mais ce transfert va également jouer à long terme dans l'autre sens : c'est en pur politique, sans aucun diplôme théologique ou grade pastoral, qu'Erdoğan pourra incarner le pouvoir religieux.

L'homogénéisation des masses populaires, l'interdiction des oppositions politiques, la prescription des administrations centralisées et, au besoin, la suppression des droits fondamentaux figurent en place de choix dans le programme kémaliste. Ce sont des modes de coercition usuels pour les régimes autoritaires qui empruntent leur absolutisme séculier au caractère absolument transcendant que revendique le fait religieux. Pratiqués par Atatürk, ils le sont aussi par Erdoğan. Cette communauté de moyens annule la disparité supposée de leurs finalités.

Tous deux ne divergent pas tant sur la nécessité de traiter politiquement de l'islam que sur l'ordre du traitement : qui, du turquisme sunnite ou du sunnisme turc, vient le premier ? L'ordre adopté dépend certes de la préférence subjective et de l'inclination idéologique mais ces dernières dépendent encore plus objectivement de l'état du monde qui les porte. Les termes restent fixes et le projet étal : nation et religion, religion et nation jusqu'à ce qu'ils en deviennent permutables. D'Atatürk à Erdoğan, le changement tiendra moins dans l'interversion que dans la transposition.

Le mixte auquel tous deux recourent, chacun dans son style, est bel est bien moderne dans sa facture. Les précédents historiques existent, dont l'Église constitutionnelle de la Révolution française. Les sources théoriques aussi, qui sont pour beaucoup également françaises, dont l'Église positiviste d'Auguste Comte (économiquement, le parangon d'Ankara est l'Allemagne, politiquement la France, d'où le cycle exaspéré de ses attractions et répulsions envers Berlin et Paris). Mais ce sont là des essais avortés ou des influences éteintes. La Terreur a connu Thermidor et la IIIe République, la loi de 1905. Rien de tel n'adviendra en Turquie au long de son siècle d'existence.

Pourquoi ? Peut-être parce que, dans le sunnisme, la distinction est-elle moins nette entre le peuple qui ressort de l'État et le peuple qui relève de Dieu (les vies de Jésus et de Mahomet sont éloquentes à ce sujet). Sans doute parce que le processus d'unification du peuple turc aura-t-il été poursuivi sans relâche et que, une fois les non-musulmans réduits par la natio-islamité, l'islamo-nationalité ayant pris le relais pour réduire les musulmans réfractaires, l'effet de ciseau a été d'autant plus fort. Mais cette absence de suspension ou d'arrêt aura plus sûrement découlé des moyens proprement écrasants qui auront été mis à la disposition de l'organe d'État chargé des cultes. Son véritable bras armé. Son turban et son sabre.

L'organe

La Diyanet, la Direction des affaires religieuses, est inscrite en royauté dans la Constitution de la République. À l'article 136 et au chapitre des organes d'État. Pour prévenir une inévitable suspicion, elle est caractérisée d'emblée comme conforme au principe de laïcité (turc), sa mission étant d'assurer la neutralité politique du fait religieux au sein du fait national. Mais aussi, première dérogation au principe, sa contribution sociale. Comment ? En éclairant l'islam (sunnite) par la loi civile et en éclairant la morale civile par l'islam (sunnite). Lequel n'est pas pour autant déclaré religion d'État. Pourquoi ? Parce que ce serait admettre qu'il existe une réalité à la fois constituée et constitutive qui pourrait être distincte de l'État.

Autrement dit, l'État en Turquie est laïc parce qu'il reconnaît et finance le culte. Plus précisément, un seul culte. Lequel s'assimile au culte qu'on lui doit. Ce dispositif est d'ordre sécuritaire : c'est dans la Diyanet que s'articulent et se coordonnent le laboratoire qui conforme l'identité et la machine qui contrôle l'identité dont l'islam (turc) n'est qu'un composant.

Dans les faits, cette administration spéciale, dès l'origine rattachée au pouvoir régalien et pour cette raison aussi indépendante et puissante que lui, finance et gère les lieux de culte sunnites ainsi que leurs personnels. Plus, en théorie, les trois communautés juive, arménienne, grecque dont le traité de Lausanne oblige la Turquie à reconnaître l'établissement, mais pas les droits que la Direction s'ingénie en pratique à leur dénier. Les autres confessions, quand elles ne sont pas musulmanes, vivant suspendues au rappel de leur insignifiance, la Diyanet peut se concentrer sur les musulmans irréguliers. Et ce, dans le but de les « islamiser » afin de pouvoir à terme les « nationaliser ».

L'étatisation du sunnisme fait qu'un Alévi qui veut célébrer religieusement une naissance, un mariage, un décès sans pour autant demeurer dans la clandestinité (ou, plus épineux, se retrouver dans l'illégalité) va fatalement buter sur la Direction dont la vocation, depuis Atatürk, est de le fondre dans le moule afin d'annihiler sa particularité. Ce qui signale un paradoxe supplémentaire : les plus laïcisants des musulmans de Turquie se retrouvent ainsi invités à être toujours moins laïcs par l'organisation gouvernementale censée promouvoir et protéger la laïcité. Cette tâche missionnaire transformée en mission d'État aura fait de la Diyanet, sur cent ans, le réacteur nucléaire où l'islam sunnite, ne cessant de se métaboliser en particule fondamentale, se sera préparé à fusionner avec l'islam politique.

Atatürk a créé l'appareil que, mieux que personne, Erdoğan a su instrumentaliser en le suréquipant. La

Diyanet emploie aujourd'hui 120 000 fonctionnaires, dont 70 000 imams qui ont en charge les mosquées de tradition et de langue turques à l'intérieur et à l'extérieur du pays (en Allemagne bien sûr, mais en France aussi). Son budget dépasse les deux milliards d'euros qui sont prélevés sur l'impôt que paient tous les Turcs, nonobstant leur croyance ou leur incroyance. Il équivaut deux fois celui du ministère des Affaires, trois fois celui du ministère de la Culture, vingt fois celui du ministère chargé de l'Union européenne, ce qui ne saurait trop surprendre car la Direction des affaires religieuses accomplit subsidiairement nombre de leurs tâches. Et sans nul doute avec une meilleure connaissance, une conscience plus aiguë et une plus stricte observance des intérêts vitaux de l'État turc. Puisqu'elle constitue au fond un État dans l'État.

La permanence de la Diyanet éclaire le lien fondamental qui unit Atatürk et Erdoğan. Pour tous deux, l'alliance de la nation et de la religion représente la clé d'accès à la modernité et le moteur du retour à la puissance. Pour tous deux, la synthèse turco-sunnite reste indépassable car la Turquie en est le produit. Et pour tous deux, hors de cet amalgame, l'identité turque demeure fragile et insaisissable.

Zéro différence alors ? Non. Ou si peu d'un point de vue structurel. Simplement, à l'aune du siècle écoulé, la turcité est passée du premier au second plan et l'islamité, du second au premier. Il en est allé de même pour le panturquisme et le panislamisme. Il n'y a pas eu changement de formule mais de focale.

Erdoğan n'a pas reculé par rapport à Atatürk. Il a avancé récursivement en maintenant l'équation, l'enrichissant et l'aggravant de tous les paradoxes qu'elle contenait et qui avaient été laissés irrésolus. La défense et la démultiplication de l'identité, elles, continuent. Comme avant. Grâce, en premier lieu, au même organe tentaculaire qui, au cœur de l'État, éclaire également la nation et la religion.

Les deux chefs entretiennent une autre similitude. Ils ont rejeté de concert les réformistes islamistes qui se sont voulus leurs alliés. Dès 1922, Saïd Nursî, issu du monde du turban, qui est de tradition soufie mais critique du système des confréries, se rapproche de Mustafa Kemal avec lequel il partage une passion innée pour le positivisme : l'émancipation viendra de la science. Il adopte d'ailleurs sans problème l'impératif national dans lequel il voit une exigence rationnelle.

Bien que kurde, Saïd Nursî dénonce les révoltes populaires du sud-est en arguant, déclaration ô combien significative, que « le peuple turc sert le drapeau de l'islam depuis des siècles. Il a sacrifié beaucoup de martyrs pour l'islam. On ne peut donc combattre avec le sabre les enfants d'un tel peuple. Nous sommes tous musulmans et donc frères ». En ce sens, il n'a aussi aucune difficulté à adopter la laïcité selon le catéchisme kémaliste.

Cependant pour Nursî, la révolution ne peut s'opposer à la civilisation dans laquelle elle se déroule et, en lieu et place d'une modernisation de type occidental, il prône une modernisation de type islamique. Il récuse pareillement le modèle jacobin, jugeant qu'une transformation étatique ne suffit pas à provoquer une mutation sociétale. C'est de la base qu'il faut partir, et non du sommet. Le mouvement Nourdjou, qu'il crée, se propose d'éduquer les masses à un islam rénové par le biais de l'action éducative et caritative. Mais ce faisant, il entre en compétition avec l'État et se désigne à la Diyanet comme portant atteinte à la sûreté de l'État. Une transgression qu'il paiera par un quart de siècle d'exil et d'emprisonnement. À la demande expresse de Kemal.

À l'orée des années 1950, le retour au multipartisme, sous les pressions occidentales, profite aux libéraux qui, pour des raisons à la fois idéologiques et électorales, font cause commune avec les confréries. C'est l'heure pour Nourdjou de sortir de la clandestinité et de pratiquer l'entrisme, principalement dans le monde de l'éducation, l'enseignement religieux ayant été restauré à l'école. D'abord facultatif, il est rendu obligatoire dans les années 1980 afin de contrer le « communisme », autrement dit de maintenir les oligarchies. La Diyanet s'en arrange puisqu'elle cantonne ledit enseignement à l'islam sunnite-turc et s'inquiète d'autant moins de l'essor du fondamentalisme qu'il recrute de manière notable parmi les ultranationalistes désabusés par le consumérisme ambiant.

En 2012, la Direction n'a pas plus à objecter au fait que le Premier ministre Recep Tayyip Erdoğan impose un examen religieux dans les concours pour accéder à l'Université. Elle y voit d'autant moins un acte subversif qu'entre-temps le Reis a commencé de se séparer de son propre commensal islamiste, Fethullah Gülen, qui se veut l'héritier de Saïd Nursî, de sa spiritualité et de son entrisme. Signe qu'Erdoğan se rapproche tendanciellement de la formule originelle de Kemal.

Le maître du mouvement Hizmet, « Servir », a systématisé l'ambition du mouvement Nourdjou. À l'instar d'Antonio Gramsci, Gülen considère que l'hégémonie culturelle conduit à la prise de pouvoir plus sûrement que la loterie des putschs ou des urnes. La bonne méthode est de fabriquer des élites organiques à partir des classes moyennes et urbaines qui seront prêtes à noyauter l'appareil d'État et aptes à influer sur la décision politique. La capacité financière d'Hizmet, estimée à 50 milliards de dollars, l'amplitude nationale et internationale de son réseau associatif et médiatique, la réputation charismatique à l'échelle planétaire de Fethullah Gülen, saluée par *Time Magazine*, vont être employés par l'AKP, le parti de Recep Tayyip Erdoğan, comme marchepied à sa propre conquête des institutions. Le pacte entre les deux hommes se noue d'autant plus naturellement que Gülen est un thuriféraire de la Turquie nationaliste, étatiste et militariste comme jamais Nursî ne l'a été. Raison pour laquelle, là encore, la Diyanet surveille et fiche, mais laisse faire.

L'idylle tient tout au long du processus conjoint d'infiltration. C'est-à-dire entre 2002, première victoire électorale aux législatives de l'AKP, et 2012, où l'AKP milite pour un régime présidentiel au suffrage universel. Une perspective insoutenable pour Gülen qui se verrait dépossédé de son projet. Mais, comme Kemal, Erdoğan n'imagine pas partager le pouvoir suprême. Depuis la Pennsylvanie, aux États-Unis, où il vit, Gülen entame une campagne soutenue contre l'autocratie grandissante qui menace les libertés, à commencer par la sienne. Il critique les choix diplomatiques et politiques d'Erdoğan, dénonce la corruption des milieux qui l'entourent et l'accuse de nuire à l'intégration de la Turquie dans l'Europe. Non sans raison, et le tout, sans surprise, au nom de la « démocratie ».

En 2014, Erdoğan, élu président, incrimine en retour son ancien allié de comploter contre l'État. Et sans doute n'est-il pas faux que Gülen conspire contre lui. En 2016, Erdoğan fait porter à Gülen la responsabilité du putsch avorté. Ce qui est moins certain. Mais l'on sait sans conteste qui est le vainqueur de cette empoignade au sommet. Classé terroriste, le légataire du confrérisme est à son tour réduit au bannissement. Son exil volontaire vire à la proscription éternelle. Quant aux gülenistes, ils sont traqués par la Diyanet, rompue à l'exercice depuis ses premières grandes manœuvres en 1924. L'armée, l'éducation, la justice et l'ensemble de la fonction publique sont nettoyés des diviseurs de la République indivisible.

Dans la nuit du 15 au 16 juillet 2016, le peuple est descendu dans les rues quadrillées par les tankistes.

Comme un air de déjà-vu sans que l'on ne cherche plus même à dénombrer les fois où s'est répétée cette scène primitive. Mais la preuve est faite, pour qui en aurait douté, qu'il n'y a que les grands purificateurs que sont Kemal et Erdoğan afin que se réconcilient la caserne et la mosquée, ces deux agents commis à l'ordre lorsqu'on les empêche de semer le désordre. Un attelage qui représente pour l'État turc la forme idéale de la laïcité.

Le voile

Dans la légende dorée de la modernité kémaliste subsiste néanmoins l'image de la femme libérée, affranchie du voile, cet insigne des anciennes et archaïques domesticités. Ce n'est pas faux et tant mieux pour les Turques qui, jusqu'à aujourd'hui, en profitent et en font profiter leurs compatriotes qui aspirent à une véritable ère de liberté. Ce n'était pas pour autant le projet initial de Mustafa Kemal. Étant entendu que l'on peinera à portraiturer le « Turc-Père » en adversaire résolu du patriarcat, la valorisation de cette iconographie relève de la confusion usuelle entre ce que sécularité et laïcité veulent véritablement dire.

La saga biographique d'Atatürk, telle qu'arrêtée par les images d'Épinal, complique l'indispensable déblaiement du faux-semblant que constitue son féminisme supposé. Les clichés d'époque, qui soulignent sa posture de séducteur, contrastent avec l'austère icône de la monogamie que présente aujourd'hui Recep Tayyip Erdoğan, accompagné, lorsqu'il l'est, mais à distance protocolaire et avec une discrétion ostensible, par son épouse, Emine Gülbaran, élégamment enfoulardée comme il sied à une ancienne militante nationaliste passée à l'islamisme. C'est au contraire un tourbillon de présences féminines qui entoure Mustafa Kemal. Mais aux rôles qui s'avèrent toujours plus fonctionnels au fil du temps et au fur et à mesure que le mythe l'emporte sur la personne.

Il y a les amours de jeunesse, la grecque Elini Karinte, la bulgare Dimitrina Kovacheva, ombres fugaces et si gênantes au regard de l'épopée indépendantiste qu'elles finissent happées par l'obscurité. Il y a l'amante de cœur, de lignée aristocratique, Fikriye Hanım, sa lointaine cousine qui se suicide en 1924 pour n'avoir pas pu l'épouser. Il y a la conjointe légitime Latife Uşşaki, issue d'une famille de commerçants fortunés, qui a suivi des cours de droit à la Sorbonne, qui incarne la femme turque occidentalisée et qui officie comme Première Dame de 1923 à leur divorce en 1925 avant de s'emmurer dans le silence. Ou encore, à bien chercher, Keriman Halis, née sous l'empire ottoman, sacrée Miss Turquie et consacrée Miss Univers en 1932, à qui il accolera le patronyme de Ece, « Reine », pour la récompenser de sa victoire.

Atatürk est seul, condition de sa grandeur. Marié à la nation, il est le père unique, comme son titre l'indique, dont la descendance se passe de génitrice. Ce dont attestent les sept orphelines qu'il a adoptées mais qui ne porteront pas son nom, mis en réserve pour l'éternité. Deux d'entre elles collaboreront de plain-pied, au côté du créateur, à parfaire la cosmogonie de la Turquie nouvelle au point qu'elles demeureront dans son panthéon. Ce sont elles, rétrospectivement, les femmes de sa vie.

Née comme lui à Thessalonique, Afet İnan va être affectée par Mustafa Kemal à la réécriture du roman national. Après des études d'histoire et de sociologie dans les milieux eugénistes de l'université de Genève, elle entreprend de démontrer la supériorité de la « race » turque, peuple source de tous les peuples de la Terre, l'humanité ayant pour berceau l'Anatolie. C'est là qu'elle exhume et mesure des milliers de crânes pour prouver sa théorie, laquelle enthousiasme son père adoptif qui, en sa qualité de chef d'État, la déclare prioritaire pour la recherche. Kemal ordonne une batterie d'enquêtes anthropométriques doublée d'une pléiade d'investigations linguistiques censées démontrer, en parallèle, que le turc est la langue originelle.

Les années 1930 marquent ainsi le tournant racialiste du kémalisme. Le Turc a été d'emblée civilisateur et garde pour vocation universelle d'apporter le progrès au genre humain. Son génotype explique son génie. Afet Inan devient la cofondatrice de l'Institut de l'histoire nationale qui a charge de l'illustrer. Depuis sa mort en 1985, ce même institut décerne chaque année un prix à son nom afin d'honorer sa mémoire en distinguant une publication « scientifique » qui poursuit ses travaux.

De son autre fille spirituelle, Atatürk est encore plus fier car, bon sang ne saurait mentir, elle est une guerrière qui connaît la mitraille. C'est également à son instigation que Sabiha Gökçen s'est inscrite à l'École militaire pour en sortir la première femme pilote de chasse dans la chronique alors balbutiante de l'aviation mondiale. Elle aussi illustre une facette de la modernisation, celle de la femme en uniforme allant au combat. Preuve de l'égalité des sexes, Atatürk l'associe pleinement à la guerre contre l'ennemi intérieur : Sabiha Gökçen participe, en 1937, aux bombardements sur la province du Dersim qui ont pour but d'anéantir la résistance kurde et alévie. Bonne lectrice de sa demi-sœur par adoption, elle dira son orgueil d'avoir réprimé une bande de sauvages refusant la civilisation.

Pour honorer cette « héroïne nationale », son nom sera attribué, en 2001, au deuxième aéroport international d'Istanbul, construit pour désengorger le premier, Atatürk. Ce même aéroport frappé le 23 décembre 2015, à minuit, par des attentats à la bombe émanant de Daech. Mais dont le président Erdoğan ne manquera pas d'incriminer les Kurdes. À la guerre comme à la guerre, surtout si elle est sans fin.

Les destinées d'Afet Inan et de Sabiha Gökçen, filles par excellence du père de toutes et de tous les Turcs, filles donc de la Patrie, circonscrivent l'émancipation des femmes selon Kemal : elles viennent s'agréger à la révolution afin de gagner leur place dans la nation grâce à leur entier dévouement. En d'autres termes, les femmes sont affranchies parce qu'elles servent. Leur libération ne signifie pas leur indépendance, mais leur mobilisation. Sans elles, la régénération demeure impossible. C'est ainsi que, dans le laboratoire de la Turquie nouvelle, les femmes prennent à leur tour place sur la table d'expérimentation. La République leur accorde le droit de vote en 1934 (près d'un siècle après l'État mormon de l'Utah et loin derrière une foultitude de contrées pour tordre le cou à la légende tenace d'une innovation sans pareille). Et envoie 18 d'entre elles au Parlement, échantillonnage jugé suffisant.

Avantage démographique pour le pays, avantage sociologique pour le redressement, avantage électoral pour Kemal : carton plein. Les femmes vont peupler la République en repeuplant la Turquie. L'interdiction du voile s'en déduit mécaniquement. La mesure est drastique : son port est caractérisé par la loi comme un attentat à la sûreté de l'État et devant être puni en tant que tel.

La raison de cette extrême rigueur ? Pour une part, parce qu'à l'instar du fez, le voile est l'un des nombreux totems, trop ottomans, trop orientaux et désormais proscrits du monde ancien. Mais d'autre part, et plus urgemment, parce que la mainmise de l'État sur l'envers invisible de la société, le foyer, le couple, l'intimité, est à ce prix. La condition des femmes est instrumentale pour Atatürk comme elle le sera pour Erdoğan.

Symbole d'arriération pour les progressistes, de dévotion pour les conservateurs, le voile tourne à l'outil politique. Voire à une arme d'entretien de la guerre civile larvée qui, à la fin, justifie immanquablement la dictature. Le dévoilement et le revoilement deviennent les pôles d'un combat culturel entre la Turquie occidentale, sécularisée et la Turquie orientale, pratiquante. Si l'avantage matériel et intellectuel revient à la première, l'avantage militant et numérique revient à la seconde. C'est ce sur ce déséquilibre que vont tabler les islamistes en le lestant du discours de la victimisation des femmes et de l'incrimination de la violence de l'État (par ailleurs effective dans ce domaine comme dans beaucoup d'autres).

La période intermédiaire entre Kemal et Erdoğan sera celle d'une longue bataille juridique débordant dans les rues sous forme de vagues protestataires réprimées à grands coups de gourdin. La question empoisonne la vie politique. En 1989, la Cour constitutionnelle confirme l'interdiction du port du voile à l'Université et dans la fonction publique. En 2010, une circulaire du Conseil de l'enseignement supérieur l'autorise pour les enseignantes et les étudiantes. En 2012, un décret du Conseil d'État pour les avocates. En 2014, une instruction de la télévision publique pour les présentatrices. En 2016, une circulaire du ministère de l'Intérieur pour les policières.

Que s'est-il passé ? En 1999, la députée nouvellement élue Merve Kavakçi fait son entrée au Parlement, la tête recouverte d'un voile. Elle est refoulée sous les cris des élus sans avoir pu prêter serment. Quatorze ans plus tard, en 2013, quatre élues enfoulardées de l'AKP se présentent dans l'hémicycle sans qu'aucune protestation ne retentisse. C'est le prix d'une coexistence apaisée depuis que les islamistes, usant de la stratégie du loup dans la bergerie, ont appris à user du droit pour légaliser leurs prétentions, retournant ainsi la démocratie contre la démocratie. Entre-temps, en 2001, Merve Kavakçi a fait condamner la Turquie pour discrimination par la Cour européenne des droits de l'homme. Devenue une missionnaire internationale du hijab, reçue comme une *freedomfighter* dans les universités américaines, elle a été nommée par le président Erdoğan ambassadrice en Malaisie, pays qui ne devrait guère la dépayser puisque l'islam sunnite y est religion d'État.

Le parti islamo-conservateur a obtenu le pouvoir en Turquie en exploitant consciemment les femmes, en jouant à la fois du réflexe traditionaliste et de la révision du féminisme chez les laissées-pour-compte du kémalisme. Il a derechef fait d'elles un objet d'expérimentation politique, les a intégrées dans son propre schéma de la régénération et a récupéré à son bénéfice leurs avancées sociales, lustrant de la visibilité qu'il leur accorde son vernis moderniste. Pour lui aussi, les femmes constituent un réservoir démographique et électoral qu'il faut incessamment mobiliser. De dévoilement forcé en revoilement forcé, quel que soit le principe, la même méthode s'applique. Celui de l'embrigadement.

Polariser, radicaliser : le jeu des oppositions entre Kemal et Erdoğan est une fois de plus trompeur. Si ce n'est truqué. Sur l'islam, sur les femmes, mais aussi sur la mystique du pouvoir. Et la logique du coup d'État qui montre leur culte partagé de la violence créatrice.

Le putsch

Tous les fantômes de chacun des massacres originels qui hantent la République turque ont la vie dure et jouent aux revenants par-delà la mort de l'Empire ottoman. Celui du janissaire, éliminé par l'imam au nom du sultan, non moins que les autres.

Legs des Jeunes-Turcs dont le mouvement est né dans les casernes, pilier de la Guerre de révolution nationale, première employeuse du pays, veillant aux frontières, garante de l'État, l'armée, puissante, équipée, nombreuse est, dans le code kémaliste, la gardienne de la modernisation. C'est elle qui, par le service militaire, assure le brassage social et l'instruction patriotique de la population. Qui, par ses interventions, brise les tentations séparatistes. Et qui, par le jeu des alliances, constitue le premier lien avec l'Occident. C'est elle encore qui n'a pas besoin de la Diyanet pour être étanche aux sirènes du turban. Elle porte haut le sabre d'Osman, incarnant une sorte de condensé de la turcité combattante.

Résultat ? Sur un demi-siècle, entre 1960 et 2016, ce sont cinq coups d'État militaires qu'auront connus les Turcs. Chaque fois, des juntes seront intervenues en répandant le sang au prétexte de sauver la démocratie. Jusqu'à ce qu'Erdoğan à son tour les écrase avec la même implacabilité. Quoique pareillement au nom de la liberté. Et aux seuls frais, invariablement, du peuple.

En 1950, grâce à la fin du parti unique, Adnan Menderes, le chef du Parti démocrate, devient Premier ministre. Sa politique libérale finit par déstabiliser l'économie. Les manifestations enflent et les violences se multiplient. En mesure d'apaisement, le gouvernement assouplit le régime des confréries. Un comité d'union nationale se forme à l'École des officiers. Cemal Gürsel, le chef de l'armée de terre, prend la tête du putsch. Le 2 mai 1960, Menderes est arrêté. Le 17 septembre 1961, il est exécuté.

Le rétablissement de l'état de droit en 1966 ne dure pas. Début 1971, des mois de grèves débouchent sur des affrontements sanglants entre l'extrême gauche et l'extrême-droite. À Istanbul, on assassine au coin des rues et au portail des universités. Le 26 mars, le Conseil de sécurité nationale force à la démission le Premier ministre Suleyman Demirel, héritier de Menderes à la tête du nouveau Parti de la Justice. Les militaires mettent en place un gouvernement de technocrates à leur botte et maintiennent la loi martiale jusqu'à l'automne 1973. Les arrestations, les séances de torture et les condamnations arbitraires pleuvent.

Les combats de rue entre nationalistes et réformistes finissent par reprendre. Suleyman Demirel, revenu au pouvoir, est à nouveau démis. Le 12 septembre 1980, le général Kenan Evren lance un nouveau coup d'État. On compte 5 000 morts et 250 000 personnes emprisonnées. Le parlement, les partis politiques et les syndicats sont dissous, les intellectuels placés massivement sous les verrous, la presse soumise à la censure. Une Constitution provisoire est promulguée, qui donne les pleins pouvoirs aux militaires.

Le retour au régime civil se fait en décembre 1983. Les rivalités personnelles et les affaires de corruption qui déchirent les partis de gouvernement entachent la démocratie. Les islamistes en profitent. Leur chef de file, Necmettin Erbakan, rallié dans un premier temps à Suleyman Demirel, a pratiqué l'entrisme au sein du parti de la Justice avant de s'en séparer et de fonder le parti de la Prospérité puis dit de la Vertu qui s'affiche clairement fondamentaliste. Erbakan arrive au pouvoir en juillet 1995. Moins de deux ans plus tard, le 18 juin 1997, il doit quitter son poste de Premier ministre sous la pression de l'armée qui l'accuse d'atteinte à la laïcité. Le putsch se tient dans l'encrier mais n'est pas moins efficace. Assigné à résidence, interdit de vie politique, Necmettin Erbakan est condamné à deux ans de prison, en 2000, pour détournement de fonds publics lors d'un procès sur ordre.

C'est cette mémoire collective que porte son second, Recep Tayyip Erdoğan. Mais c'est aussi une part de son histoire personnelle. Censuré en 1974 pour ses productions théâtrales complotistes, forcé à la clandestinité en 1980, emprisonné en 1998, il sait le bras de fer inévitable. En 2002, il est empêché de devenir Premier ministre en raison de sa récente condamnation pour incitation à la haine. La nouvelle majorité qui lui est acquise modifie la loi en sa faveur. Un putsch militaire va-t-il répondre à ce putsch parlementaire ? Cette fois, ce ne sera pas le cas. Après avoir longuement hésité, le haut commandement s'abstient. À la demande concertée de Washington et de Bruxelles.

Erdoğan s'engouffre dans la brèche, s'installe au pouvoir et attend son heure. L'AKP peut s'appuyer sur la police et sur la magistrature noyautées par le mouvement Gülen. La bataille s'engage en 2007 avec les premières arrestations de gradés dans l'affaire Ergenekon. L'affaire Bayloz, autre machinerie conspirative, prend le relais en 2010. Les généraux jouent leur va-tout en 2011 et tâchent de faire interdire le parti d'Erdoğan. La Cour constitutionnelle refuse de les suivre au regard du risque d'émeutes. Bafoué, le haut commandement démissionne en bloc. L'intelligentsia et la société éclairée fêtent le coup porté au *Derin Devlet*, l'« État profond ». Elles ont tort. Erdoğan vient de réaliser une partie cruciale de son agenda caché.

Le 15 juillet 2016 advient le dernier coup d'État en date. Gülen a pris ses distances avec Erdoğan en dénonçant dans l'AKP, ce qui n'est pas erroné, le nouvel « État profond ». Surtout le soutien implicite que le gouvernement accorde à Daech perturbe gravement sa propre entreprise d'hégémonie islamiste sous couvert de *soft power*. Au sein de l'armée, des gülenistes décident de faire cause commune avec les derniers souverainistes et, signe des temps, montent un putsch de pacotille. L'échec est total. La répression le sera également.

Pour Recep Tayyip Erdoğan, ainsi qu'il le proclame au cœur de la tempête, le coup d'État est un cadeau du ciel, une divine surprise, un don d'Allah. L'événement ne lui permet pas seulement de décréter l'état d'urgence. Il lui ouvre la voie vers les pleins pouvoirs, perspective à laquelle même ses plus anciens compagnons de route renâclaient, connaissant sans doute trop bien le prétendant. C'est l'heure de la purge maximale, l'opportunité de nettoyer les résilients du camp adverse, les tièdes dans son propre camp et les traîtres partout ailleurs. Bilan ? 150 000 personnes arrêtées, 50 000 emprisonnées, 2 500 journalistes réduits au silence.

La boucle entamée en 1960, amorçant le cycle de la vengeance qui a embrasé la société turque, s'est refermée sur la consécration sans partage de Recep Tayyip Erdoğan et pour longtemps. Lui, l'islamiste, a réussi ce dont les généraux rêvaient : restaurer la stabilité de la République turque. Le sabre ne peut pas tout lorsque le turban lui fait défaut.

Le cycle réel a toutefois commencé plus tôt. Un filage s'est déroulé le 23 janvier 1913, le jour où le Jeune-Turc Enver Pacha a fait irruption dans le bureau du ministre de la Guerre Nazim pour l'abattre à bout portant. Cet acte de terrorisme, commis par un représentant de l'État contre un représentant de l'État, a enclenché un autre cycle, celui de la Terreur d'État. Mais la répétition générale a eu Mustafa Kemal pour metteur en scène. Et aussitôt qu'en 1926, soit près d'un siècle avant 2016.

Cette année-là, la Turquie plonge, comme souvent, dans une dure crise économique. Des membres historiques d'Union et Progrès s'inquiètent de la concentration des pouvoirs dans les mains de Kemal et murmurent contre le dictateur en puissance. Le 15 juin 1926, à Smyrne, s'abandonnant à une aventure vouée à l'échec, ils tentent de l'assassiner et ratent lamentablement leur cible. Ce ne sera pas le cas de Mustafa Kemal. Il utilise cette occasion pour décréter l'état d'exception, liquider les comptes du passé, régler le sort des opposants et éliminer ses camarades hésitants. Le putsch contre l'autocrate qui fait long feu renforce la flamme de l'autocrate. C'est la fin, pour vingt ans, de la moindre voix discordante.

La ressemblance n'est pas fortuite entre les deux événements. Non plus qu'entre les deux hommes. Kemal refuse l'idée de la séparation des pouvoirs au nom de la Nature. Erdoğan, au nom de la Révélation. Ils croient uniment que le chef incarne la nation dans son présent, mais aussi dans son passé et dans son futur. Le chef n'est pas seulement celui qui gouverne la Turquie. Il en est l'épiphanie.

Le messianisme n'empêche cependant pas la ruse. Kemal le soldat, Erdoğan le religieux sont aussi et surtout d'inflexibles tacticiens. Ces sauveurs savent user de ficelles pour retourner le peuple. L'outrance est à leurs yeux légitime, nécessaire, bienvenue. C'est parce qu'elle a un chef qui transgresse le droit, national ou international, que la Turquie transcende la démocratie et les démocraties. C'est lui seul qui garantit sa survie. Comme la Turquie, Kemal et Erdoğan ont échappé à la mort pour revenir punir le monde hostile.

La percée

Reste le domaine qui semble échapper au paradigme du sabre et du turban. Celui, géopolitique et géostratégique, des affaires étrangères, de la paix et de la guerre. Kemal veut assurer ses frontières ? Erdoğan veut en sortir. Kemal affirme sa neutralité ? Erdoğan agite son interventionnisme. Kemal se range auprès du camp occidental ? Erdoğan s'insurge contre les États-Unis, l'Europe, Israël et entrave l'OTAN. Kemal se vante d'être le stabilisateur du monde oriental ? Erdoğan s'aventure en diviseur au Proche-Orient. Kemal se tient aux aguets face à l'URSS ? Erdoğan pactise et rivalise avec la Russie. Kemal intègre la communauté internationale ? Erdoğan s'insère dans l'internationale islamiste. Et ainsi de suite.

C'est là que la tension entre les deux Turquie paraît la plus criante. Et c'est là encore une de ces représentations floues mais confortables à laquelle accoutume une myopie que l'on a cru bon de ne pas traiter. Vue de loin, la divergence des circonstances dilue la convergence des desseins. Mais à y regarder de près, l'imprécision des contours s'estompe et se détache la géométrie des intentions. À la fin, il ressort que rien ne saurait atténuer la constance de la Turquie à nourrir le syndrome d'encerclement qu'elle éprouve : de même qu'il commande sa structuration intime, il conditionne ses relations extérieures.

Les deux *Reis* ont en tête la même cartographie du monde, en main les mêmes anciens titres de propriété, au cœur la même ambition irrédentiste : il leur faut racheter le péché ottoman en délivrant les territoires turcs injustement démembrés et occupés. Leurs sentiments de spoliation sont égaux, leurs occasions de réparation inégales.

Parce qu'il a véritablement sorti la Turquie du néant, Mustafa Kemal n'a accepté les frontières de Lausanne qu'avec réticence. En 1924, leur tracé, si âprement discuté, a été une affaire de curseur. Pour les Alliés, elles sont désormais définitives. Pour sa part, il considère légitime de les repousser à son avantage aussi loin qu'il le peut. Les Balkans et le Caucase, tels que la Grande Guerre et la Révolution bolchévique les ont remodelés, sont hors de son atteinte. Mais pas le Levant. Dès l'orée des années 1930, Atatürk revendique Alep et Mossoul, autrement dit les clés du cordon septentrional qui, courant de la Syrie à l'Iran en passant par l'Irak, lui permettrait d'influer sur tout le Moyen-Orient. Le veto de Paris et de Londres le fait se rabattre sur le sandjak d'Alexandrette.

Ce toponyme digne d'Hergé désigne un carrefour stratégique. Il s'agit de l'anse que forme la rive continentale de la Méditerranée orientale en face de Chypre et qui constitue la zone de démarcation entre les mondes anatolien et arabe. Terre d'accueil et de brassage, elle abrite un extrême foisonnement de peuples, dont des Kurdes mais aussi des Tcherkesses, et de rites, aucune forme de judaïsme, de christianisme ou de gnosticisme oriental ne manquant à l'appel. Jusque dans sa composante musulmane, elle se distingue par une faible présence sunnite, une notable proportion chiite et une claire dominante alaouite. D'où son sobriquet de « montagne des Infidèles » et son statut de sandjak, de « district périphérique », dans la nomenclature administrative de la Sublime Porte.

Ses deux centres métropolitains renvoient cependant à un plus lointain passé. Accrochée au bord de mer, Alexandrette, à l'instar d'autres cités hellénistiques, doit son nom à Alexandre le Grand qui la fonda dans sa marche vers l'Inde et son diminutif aux Césars de Rome qui voulurent ainsi la distinguer de sa sœur jumelle d'Égypte. Fichée au cœur des terres, Antioche, qui fut dans l'Antiquité la ville-reine du bassin sémitique et où les disciples de Jésus furent pour la première fois nommés chrétiens, a été la capitale au Moyen Âge, lors des Croisades, de la principauté latine éponyme et vassale du royaume de Jérusalem. Dans le passé récent, elles ont servi de refuges à la résistance arménienne du Musa Dagh en 1915, de stations à la retraite de la IIe armée ottomane sous le commandement de Kemal Pacha en 1918 et de quartier général aux indépendantistes du mouvement panarabe en 1919.

Autant de singularités ethniques, religieuses et politiques en vertu desquelles la France a érigé le sandjak en région autonome et l'a doté d'un régime spécial au sein de l'ensemble syro-libanais sur lequel elle exerce, depuis 1920, le mandat que lui a confié la Société des Nations. Par-delà les intérêts immédiats de Paris, le droit international est donc censé garantir le traitement d'exception qui sied à ce microcosme récapitulant l'« Orient compliqué ».

Kemal ne l'entend pas ainsi. Jamais ce territoire n'a été, ne serait-ce qu'un instant, assyrien, mède, grec, romain, byzantin, perse, arabe, franc, voire seldjoukide ou ottoman ainsi que l'attestent pourtant, au simple coup d'œil, les pierres et les hommes. Il ne peut ni rester sous la puissance colonialiste qui l'occupe (française), ni revenir au nationalisme concurrent qui le revendique (syrien). Depuis l'origine, ce territoire est turc et, turc, il est appelé à demeurer pour l'éternité. À preuve la minorité significative de turcophones qui subsiste dans ce qu'Ankara nomme la province du Hatay, arguant que ses premiers habitants auraient été des Hittites – lesquels, éteints depuis trois mille ans, ne sauraient guère protester d'être grimés en Proto-Turcs par la propagande suprémaciste de la jeune République.

Paris doit se replier, Damas se plier. Le leitmotiv de la turcité par essence est enclenché. Dès 1924, à Adana, cité limitrophe de la province d'Antioche, Mustafa Kemal prévient qu'une « terre turque vieille de quarante siècles ne peut pas demeurer aux mains de l'ennemi ». En 1925, il rend une visite démonstrativement martiale au poste frontière de Dôrtyol assortie d'une parade aux drapeaux. Les années suivantes, il organise et finance à Alexandrette un parti séparatiste qui réclame la fondation d'une République indépendante du Hatay dont même les diplomates du Quai d'Orsay comprennent qu'à peine établie elle ne tardera pas à rejoindre la République de Turquie.

En 1930, alors qu'il doit affronter de nouvelles révoltes intérieures et redoute un rapprochement entre les Kurdes de l'intérieur et les Arméniens de l'extérieur, Mustafa Kemal plonge le Sandjak dans l'ébullition. Les manipulations émeutières et les intimidations électorales sur place, les menaces militaires à la frontière, les manœuvres diplomatiques dans les couloirs de la Société des Nations se succèdent. De même que se poursuit le transfert de population qu'il conduit en sous-main afin de nimber l'annexion, le jour venu, de l'aura démocratique d'un référendum taillé sur mesure.

En 1936, l'insistance d'Ankara finit par convaincre Paris qui a les yeux rivés sur la Rhénanie où défilent les troupes nazies. La IIIe République finissante espère acquérir par ce troc le soutien de la République de Turquie contre le IIIe Reich, pari que soutient la Couronne britannique en spécialiste du charcutage post-colonial. Ce qui revient, une grosse décennie à peine après Lausanne, à accepter de ressortir la carte et de la redessiner au même profit de l'acteur considéré phare, la Turquie, et au même détriment des autres protagonistes assignés au rôle de figurants. Après les Arméniens, les Grecs, les Kurdes, ce sont cette fois les Arabes et, dans ce cas précis, les Syriens qui doivent obtempérer. L'idée impériale ottomane que le kémalisme persévère à déclarer défunte, mais dont il joue, persiste également, tel un réflexe pavlovien, dans l'inconscient européen (et ce n'est que le début).

L'engloutissement des velléités combatives du socialiste Léon Blum et du radical Édouard Daladier sous la marée montante du pacifisme à Paris parachève la débâcle française à Alexandrette. Kemal a magistralement réussi l'unique percée qui s'offrait à lui. En 1938, le sandjak est détaché de la Syrie et, en 1939, attaché à la Turquie. S'il n'a pas pu s'emparer d'Alep et de Mossoul, il les a coupées de leur débouché maritime naturel qu'il a annexé. Il n'a pas gagné l'entier couloir, mais en détient désormais le verrou méditerranéen.

Le prix immédiat est la déportation des 15 000 réfugiés arméniens qui sont embarqués à destination des ports de Beyrouth et de Marseille sous la férule peu compatissante des marsouins arborant la cocarde tricolore. Les 100 000 Alaouites du sandjak, près d'un habitant sur deux, sont pour leur part abandonnés au bon vouloir de leur nouveau maître. Alexandrette est renommée İskenderun et Antioche, Antakya. Annoncée comme résolue, la crise locale des nationalités ne fait que commencer.

Ce sera seulement en février 1945, deux mois avant la fin de la Seconde Guerre mondiale, que la Turquie consentira à sortir de sa neutralité pour prendre rang parmi les Alliés. D'un siècle à l'autre, Damas continuera d'exiger d'Ankara la restitution du littoral dont elle a été amputée et d'en faire l'amer reproche à Paris (et un motif belliqueux après la prise de pouvoir, en 1970, de la dynastie alaouite des El Assad, père et fils). À la différence de l'autre, ce Munich des sables, aussi limité et lointain qu'il a pu paraître hier, n'en finit pas d'empoisonner aujourd'hui.

Une leçon kémaliste qu'Erdoğan a retenue. Et à la lettre. Immédiatement après le putsch avorté de l'été 2016, la purge massive au-dedans débouche sur une offensive générale au-dehors. Les incursions militaires en Irak et en Syrie qu'il ordonne vont aller en s'amplifiant avant de virer à l'invasion planifiée. Et, pareillement, reprend au son des canons le leitmotiv de la turcité agressée.

Ces interventions ont pour prétexte la constitution d'un bouclier sécuritaire contre les bases arrière de l'organisation kurde de lutte armée en Turquie (le PKK). Pour but, de neutraliser les unités combattantes également kurdes qui campent sur la bordure méridionale de la Turquie (le PDK et l'UKD irakiens, l'YPG et l'YPJ syriens). Pour finalité, l'occupation puis l'annexion de ce corridor afin d'empêcher la réunion des forces kurdes, source hypothétique d'un Kurdistan indépendant qui viendrait sectionner la Turquie en son milieu.

Quitte, d'abord, en 2014, pour affaiblir les « terroristes » kurdes, à soutenir le terrorisme de Daech que ces derniers sont pourtant les seuls à combattre sur le terrain, corps à corps, la Coalition se cantonnant à des opérations aériennes pour épargner la vie de ses soldats. Quitte ensuite, en 2015, pour les décimer, à participer activement à la Coalition en menant des campagnes de bombardements massifs qui frappent autant les peshmergas que les djihadistes. Quitte enfin, depuis 2016, pour les annihiler, à dépêcher l'infanterie par-delà la frontière, cette guerre offensive bénéficiant des atermoiements de la Coalition qui, au nom précisément du principe des frontières, refuse l'émergence d'un quelconque Kurdistan indépendant, grand ou petit.

Reprenons. Après 1920, la Turquie naissante a arraché aux traités internationaux deux limes sur son flanc méridional : la province de Diyarbakir au sud-est à celui de Sèvres, la province du Hatay au sud-ouest à celui de Lausanne. Agrégées à force de pressions et de répressions armées par le premier Reis, elles revêtent un caractère stratégique dans les guerres de l'énergie que conduit le second Reis. En dépend la maîtrise des voies de l'eau, du pétrole et du gaz que la Turquie conduit en parallèle de sa sanctuarisation territoriale. Plus encore que d'être des zones-tampons, ces zones-pivots servent de nœuds d'intersection aux barrages en amont du Tigre et de l'Euphrate qui dévalent dans la plaine de Mésopotamie pour se jeter dans le golfe Persique ainsi qu'aux oléoducs qui remontent vers les monts du Caucase et les traversent pour arriver jusqu'à la mer Caspienne.

Or, en 2020, ces mêmes provinces qui sont des avant-postes de la reconquête ont pour vis-à-vis deux entités kurdes intercalées sur le grand cordon turco-arabo-persan (la troisième, contiguë, se trouve en Iran, mais est pour l'heure phagocytée par le régime des mollahs). Chacune d'entre elles a acquis une autonomie précaire dans le chaos qu'a entraîné, à partir de 2003, la volonté américaine de « remodeler » le Moyen-Orient. Ces ébauches d'existence étatique s'avèrent intolérables pour l'État turc car elles contredisent son projet et son plan. Elles nuisent à son unicité, à son expansion et à son influence. Pire, elles réactivent sa faille originelle ainsi que la faillibilité de ses ambitions récurrentes.

Tout ça pour ça. Cent ans ont passé. Les Kurdes qui peuplent la province de Diyarbakir, les Alaouites qui peuplent la province du Hatay ont en commun de ne pas regarder dans la direction d'Ankara. Ils demeurent irréductibles au modèle turco-sunnite. Le Kurdistan irakien, qui s'étend à l'ouest de Mossoul, compose avec Bagdad. Le Kurdistan syrien, ou Rojava, qui s'étire à l'est d'Alep, négocie avec Damas. Bien qu'ébranlées, bien que forcées au fédéralisme, les constructions nationales tiennent encore debout. Quant aux voies futuristes de l'énergie, qui recoupent les routes ancestrales de la soie, modernes du fret marchand et du convoyage militaire, qu'elles viennent à être coupées et le plateau anatolien retourne à l'état d'enclave rongée par l'ennemi intérieur, bornée par l'ennemi extérieur.

Rien ne change. Tout est toujours à refaire. Les impossibles percées diplomatiques de Kemal ont laissé la place aux périlleuses percées militaires d'Erdoğan. Comme l'obstacle arménien un siècle plus tôt, l'obstacle kurde figure au centre de l'espace asiate à reconquérir. Carton plein en géographie et creux abyssal en histoire : la même loi de l'escalade s'applique à l'espace méditerranéen.

La brèche

« Paix dans le pays, paix dans le monde » : le slogan que Mustafa Kemal lance en 1931 finira par être consacré devise nationale et principe constitutionnel. Au moment où il l'énonce, le père de la Turquie moderne réprime à domicile, remue à l'étranger et, de question kurde en question alaouite, confie à son état-major que le tour de Chypre viendra après celui d'Alexandrette. Mais plus tard. Quand les temps seront mûrs.

Ce sera en 1974. En une opération-éclair, aérienne, navale, terrestre, l'armée turque franchira la trentaine de milles nautiques qui sépare le continent de l'île pour s'emparer du nord de Chypre. Entre deux putschs, les généraux kémalistes accompliront le vœu d'Atatürk obsessivement reporté pendant quatre décennies : rompre l'encerclement maritime sur la côte égéenne, neutraliser le poignard insulaire dardé contre le centre terrestre anatolien, mater l'ennemi grec. Une captation que la communauté internationale, unanime, condamne depuis. Sans plus émouvoir, en 2020, Erdoğan pour qui, en héritier exemplaire, l'affaire chypriote « ne porte atteinte à aucun droit d'autrui » mais « répare l'usurpation des droits de la nation turque ».

Quelle malédiction la *Makaria*, la « Bienheureuse », n'a-t-elle pas connu au cours de son histoire ? Le promontoire le plus oriental de l'antique thalassocratie grecque, le tremplin byzantin vers le monde levantin est demeuré fidèle à son origine, hellénique en son tréfonds. Sans vaciller. Mais sans cesser non plus d'être assujetti à la ronde des dominations qui se sont succédé en Méditerranée.

C'est ainsi qu'après l'an mil et sur près de mille ans, l'île de Chypre et le peuple chypriote se sont trouvés soumis à des maîtres venus d'ailleurs. Les Lusignan pendant trois siècles, de 1191 à 1489. Les Vénitiens pendant un siècle, de 1489 à 1571. Les Ottomans pendant trois siècles, de 1571 à 1878. Les Britanniques pendant deux siècles, sous le statut de protectorat à partir de 1878, puis de colonie à partir de 1914, annexion scellée par le traité de Lausanne en 1924 et descellée par l'indépendance acquise de haute lutte en 1960.

La somme est vite faite : plus d'Occidentaux que d'Orientaux et pas vraiment de quoi crier, pour aucun de ces envahisseurs, à l'expropriation indue. Sauf pour Ankara : un territoire conquis une fois doit être reconquis chaque fois qu'il se peut.

Cauchemar pour l'État turc, l'île d'Aphrodite renoue en 1960 avec la liberté sous l'impulsion de son Église et la direction de son primat : suivant l'exemple des révolutions balkaniques du XIXe siècle, l'archevêque Makarios se voit consacré *Ethnarkés,* le « chef du peuple » détenteur du pouvoir spirituel auquel revient aussi bien le pouvoir temporel. Or, héritage non moins ottoman, ce peuple est composite.

Dans son écrasante majorité par le nombre, mais elle est également prépondérante en termes de possession des richesses, de maîtrise des savoirs et d'engagement militant, la population insulaire est hellénophone et orthodoxe (les « Chypriotes grecs »). Ce sont eux les indigènes de toujours, dépositaires du grand passé et eux, aussi, les protagonistes du combat pour l'indépendance. Dans la sorte de voie lactée que forme la présence multiséculaire des descendants d'Homère en Méditerranée, ils combinent deux proximités qui font leur exception : physique avec l'Orient (l'Égypte et le Liban sont à quelques encablures de là), mentale avec l'Occident (les Francs et les Britanniques sont passés par là).

Apparue au XVIe siècle, la minorité turcophone et musulmane, qui a aggloméré apports sédentarisés et conversions individuelles, présente un profil sociologique plus pauvre, moins éduqué et peu mobilisé (les « Chypriotes turcs »). Bien qu'instrumentalisés par Londres (selon la règle coloniale britannique du *divide and rule*), ses membres marquent un net attachement à leur identité insulaire. Elle est effectivement singulière, qu'il s'agisse de leur dialecte composé pour un tiers de mots gréco-byzantins ou de leur religiosité qui intègre le culte des saints locaux, dont la vénération du tombeau de Barnabé, le compagnon de saint Paul lors de l'évangélisation de l'île. En bref, ils sont conscients qu'ils sont d'abord chypriotes.

Le rapport entre les deux groupes étant de quatre pour un, le résultat de toute consultation démocratique, surtout référendaire, est prévisible. Et ce, d'autant plus que l'indépendantisme rassemble par-delà le clivage communautaire. Mais cet écart détermine aussi le biais des convoitises étrangères, dont celles des deux riverains immédiats qui campent en parrains irrédentistes. Ni la Grèce, ni la Turquie ne considèrent que Chypre pourra avoir un destin autonome. Chacune à sa façon et de manière antinomique. Le mot d'ordre d'Athènes est l'*Enosis*, la « fusion ». Celui d'Ankara, le *Taksim*, la « partition ». Jugeant à raison qu'elle constitue le môle de l'indépendance, Makarios se bat au contraire pour l'indivisibilité du fait national. Or, la Guerre froide laisse peu de place à l'autodétermination des peuples.

Élu et réélu triomphalement président, l'archevêque se détourne du Commonwealth pour s'inscrire dans le mouvement des non-alignés. Ce prélat en grand habit, croix pectorale et bâton pastoral devient ainsi l'apôtre et l'icône de la « troisième voie », lui conférant une touche prophétique. Ce qui n'a pas l'heur de plaire à Washington qui le portraiture en « Castro méditerranéen » et suppôt d'un tiers-mondisme à la solde de Moscou.

Makarios réplique en démettant les protecteurs autodésignés de Chypre. Afin d'asseoir définitivement la souveraineté de l'île, il annule les accords de Zurich et de Londres qui en contredisent fondamentalement l'exercice. Élaboré en 1959 par le Royaume-Uni, la Grèce et la Turquie, obligeant les deux communautés, ce protocole dit de « garantie » définit l'État chypriote comme binational, borné dans ses prérogatives et incompétent à modifier sa constitution. À défaut du consensus de l'ensemble des cosignataires sur ce dernier point, lesdits « garants » internationaux se réservent le droit d'intervenir à leur guise. Ce sur quoi mise l'archevêque est que ni Athènes, ni Ankara n'oseront l'impensable. Il a tort.

En Turquie, la question chypriote est consubstantielle à la nouvelle République. Elle illustre de manière emblématique la cinquième des « six flèches » du corpus kémaliste (républicanisme, populisme, laïcisme, révolutionnarisme, nationalisme, étatisme). Pour les enfants d'Atatürk, l'île ne représente pas un litige international, mais une cause nationale qui requiert et suscite un complet unanimisme qu'excite inlassablement la propagande gouvernementale. Dans l'imaginaire populaire, Chypre concentre subliminalement le « scandale des territoires volés ». Mais aussi la culpabilité d'abandonner à un mauvais sort les « frères séparés ».

Dès 1955, au regard des soulèvements toujours plus nombreux des Grecs chypriotes contre l'occupant britannique, Ankara fait savoir que le départ de Londres annulerait les dispositions de Lausanne relatives à l'île. Autrement dit que Chypre reviendrait de plein droit à la Turquie qui en a été injustement spoliée par un traité qui, décidément, ne passe pas. L'argument juridique peine à convaincre jusqu'à ses avocats. Du droit, on va sauter à la diplomatie.

En 1957, à rebours de sa réputation humaniste et libérale, mais en accord avec les basiques de la turcité, Adnan Menderes propose à Anthony Eden que la Couronne recoure à son traitement drastique en matière de crise coloniale : tronçonner le territoire et répartir les populations. Nouvel échec. Le coup d'État de 1960 permet aux généraux de revenir à l'abc du kémalisme en actes. Le scénario de la déstabilisation qui a prévalu à Alexandrette est mis en branle.

En 1963, des affrontements intercommunautaires enflamment Nicosie. Ce ne sont pas les premiers, mais la Turquie y prend désormais sa part. Le pyromane endosse l'uniforme du pompier et Ankara prépare l'envoi d'un corps expéditionnaire afin de « sauver les frères turcs de l'extermination » (l'inconscient parle). Washington stoppe la manœuvre en dépêchant sur l'île une force d'interposition sous mandat de l'Onu. Arrivée en 1964, l'UNFICYP n'est toujours pas repartie en 2020 et ne peut guère compter sur la contribution de Recep Tayyip Erdoğan à la paix régionale pour lever le camp de sitôt.

L'année suivante, en 1965, la Turquie rejette le plan de conciliation des Nations Unies car il ne reconnaîtrait pas les « droits inaliénables des Turcs de Chypre » dont elle s'institue le représentant. En 1967, arguant la présence grandissante sur l'île de volontaires paramilitaires commissionnés par la

Grèce (qui joue également la carte de la déstabilisation), elle s'apprête une nouvelle fois à mener une offensive militaire. Les États-Unis écartent derechef cette éventualité en intervenant auprès d'Athènes.

Le blocage force au statu quo. En apparence seulement. Puisque le front diplomatique est immobilisé, il ne reste qu'à faire bouger le territoire. À partir de 1968, Ankara commence à financer massivement les Chypriotes turcs afin qu'ils se regroupent dans des enclaves appelées à se déclarer autonomes et qui, une fois assemblées, constitueront un ensemble de fait indépendant parce qu'homogène. La recette est éprouvée. Et la partition en marche (quoi qu'il en soit des traités internationaux et des résolutions onusiennes).

Au même moment, en décembre 1967, la Grèce connaît un coup d'État non moins nationaliste et militaire que celui qu'a connu la Turquie un peu plus tôt et dont elle prendra l'habitude par la suite. Le putsch bénéficie tout autant de l'accord et de l'assistance des États-Unis. La junte qui lance la troupe contre le peuple justifie pareillement la suspension de la démocratie par l'urgence à lutter contre l'hydre communiste. Rafles, tortures, exécutions s'ensuivent indistinctement. Seule différence, à Athènes, ce sont des colonels qui décrètent l'état d'exception. Trois ans plus tard, en mars 1971, de manière plus canonique, ce sont des généraux qui prennent le pouvoir à Ankara.

Les épaulettes peuvent varier chez les apprentis-caudillos, l'appétit pour la guerre reste intangible. Le casting est complet, la dramaturgie réglée. La bataille aura Chypre pour théâtre. La Turquie va la gagner en s'engouffrant dans la brèche qu'elle a ouverte mais que les États-Unis auront rendue béante en légitimant la puissance ultime du sabre.

La bataille

L'Amérique vient d'araser au stade de la prime violence les régimes de ces pays méditerranéens, voisins par la géographie, cousins par l'histoire, qu'elle a fait entrer de conserve en 1952 dans l'Organisation du traité de l'Atlantique Nord afin qu'ils servent son plan d'endiguement de l'Union soviétique. Si ce n'est qu'il s'agit de voisins terribles, que ces cousins sont hostiles l'un à l'autre, que chacun d'eux fourbit la discorde contre son vis-à-vis et que tous deux ont désormais pour les régenter des bellicistes avides d'en découdre. En fait, les États-Unis ont intégré une guerre de sept fois cent ans (et plus, à venir) au sein de l'OTAN. Une guerre qui se déroulera désormais au sein de l'Alliance. Et entre alliés.

Jamais près de se clore et toujours prompt à se rouvrir, le conflit sera encore une fois asymétrique. Comme lors du round précédent, en 1923. Mais, le temps ayant passé, avec un fort durcissement du contraste. Sur le terrain militaire, l'avantage tactique ira à Ankara en raison de la disproportion croissante de ses forces armées. Dans le domaine politique, Athènes ressortira à terme gagnante et ce, plus manifestement que la fois précédente.

La Grèce n'est pas la Turquie. Même s'il a sa part de mythe reconstruit, l'hellénisme lui offre une autre réserve symbolique de résilience et de rayonnement que l'exaltation de la force. En parallèle, et même si là encore la part du symbole prédomine, l'Europe ne peut se passer d'Athènes et encore moins concevoir que la figure idéalisée de la démocratie ne la défigure. Ce que vont démontrer la fin rapide des colonels et la disparition irrévocable de la dictature.

Dès 1973, il est clair que la répression n'a pas éteint l'aspiration démocratique mais l'a galvanisée. La junte vacille sous le raz-de-marée protestataire des étudiants et le travail de sape intellectuel des exilés. Affolée, elle cède à l'illusion de la fuite en avant et, coup sur coup, abolit la monarchie, envoie les tanks contre les manifestants, déclenche le complot que ses organes secrets ont fomenté pour contraindre Chypre à l'*Enosis*. À Nicosie, les homologues des colonels d'Athènes doivent procéder à un putsch militaire, éliminer Makarios et appeler à l'insurrection générale.

C'est ne pas voir qu'à lui seul l'assassinat de l'archevêque liguera inéluctablement les Grecs chypriotes et les Grecs helléniques dans une commune détestation du despotisme. Laquelle inclura, et pour longtemps, l'Amérique vouée aux gémonies. Non sans raison. Tenu informé, le Pentagone n'a pas interdit le putsch dans le putsch qu'ont programmé les colonels à condition que les bases militaires dont la Royal Navy dispose à Chypre lui reviennent en cas de réussite. Elles doubleront ainsi celles dont il jouit d'ores et déjà en Turquie. Là aussi, la cécité est complète sur le double jeu de Washington.

Le 15 juillet 1974, Makarios échappe aux sicaires de l'Eoka, la milice financée par la junte. Le 19, il se rend à New York et, devant le Conseil de sécurité des Nations Unies, dénonce la main du régime des colonels derrière le coup d'État. L'ONU, l'OTAN, la CEE demandent son rétablissement à Nicosie. Et le retour à l'ordre. Une lettre morte de plus.

Le 20 juillet, au prétexte de secourir la minorité turcophone, la Turquie intervient militairement. L'opération, qui combine troupes et armes de choc, est menée sous le nom de code Attila (du nom de son général en chef, les Huns figurant également dans la galerie des Grands Ancêtres, côté sabre). La démesure de l'intervention indique qu'il s'agit d'une invasion. Cette fois, silence radio chez les Occidentaux.

Sur l'île bombardée au napalm par les Douglas Skywarriors partis de l'Incirlik Air Base, enclavement américain à deux pas d'Iskenderun-Alexandrette, l'herbe finira par repousser. Mais des années après que la partition aura pris la force du fait accompli. Entre-temps, dans une tentative inédite d'intégrer la psychologie des peuples, Washington se sera excusée de n'avoir pas su contenir, sur le moment, l'appel à « sauver l'honneur » bien connu pour être irrésistible chez les Turcs.

Le scénario de la reconquête a déroulé son fil immuable. La Turquie s'est emparée par les armes de Chypre (5 000 morts), a annexé le nord de l'île

(38 % du territoire), a imposé la sécession avec le sud (180 km d'un mur transversal de démarcation), a déclenché un nouvel échange des populations (200 000 personnes déplacées du nord au sud, 70 000 du sud au nord) avant de procéder à une colonisation de peuplement (120 000 transplantés venus d'Anatolie) et à une militarisation tous azimuts (35 000 soldats stationnés). Bien avant les néoconservateurs américains, les idéologues panturcs ont théorisé la guerre préemptive. Et non sans la pratiquer avec plus de succès.

Le sabre a ainsi taillé dans le vif de l'histoire une fantasmagorique République turque de Chypre-Nord créée de toutes pièces en 1983 pour détromper l'évidence d'une occupation par un vernis de légalité qui ne trompe cependant personne. Il n'est au monde que la République de Turquie pour reconnaître son existence, laquelle est effectivement suspendue à ses soins palliatifs. Tout au plus cet État fantoche s'est-il vu accorder en 2004, grâce à Erdoğan, un strapontin d'observateur auprès de l'Organisation de la coopération islamique, ce substitut au turban par temps de mondialisation.

Pour leur grand malheur, la vassalité à laquelle les Chypriotes turcs ont été réduits confine à la captivité. Enfermés dans un blockhaus fortifié et quadrillé par Ankara, soumis aux volontés politiques d'Ankara, pliés aux intérêts économiques d'Ankara, harassés par ceux qu'ils nomment les « immigrés de Turquie » sous lesquels Ankara les noie pour les diluer, ils en viennent aujourd'hui à manifester avec dépit et parfois colère la nostalgie de leur ancienne communauté de destin avec les Chypriotes grecs. Mais ils sont les otages de trop d'enjeux pour pouvoir espérer une proche libération.

Les Turcs de Chypre représentent pour les Turcs de Turquie les frères du lointain, les cadets des marches menacés par un environnement inhospitalier, les pupilles errants que doit rapatrier la nation maternelle et, avec eux, les terres où ils vivent. Mais ce sont aussi de glorieux trophées, ceux de la première guerre livrée et gagnée depuis 1923, les prémices de la délivrance des autres fratries encore souffrantes en Bosnie, au Kosovo, en Macédoine, au Karabakh et partout ailleurs. Ils symbolisent les avant-coureurs de la reconquête et exaltent le sacrifice qui doit être consenti pour parachever la régénération.

De manière plus pragmatique, la République turque de Chypre-Nord constitue pour l'État turc un centre de commandement militaire qui lui permet de contrôler l'espace maritime et l'espace aérien de ses voisins bien par-delà les zones qui lui sont internationalement imparties. C'est la caserne-relais à partir de laquelle Ankara, qui verrouille l'Est et le Caucase par les détroits du Bosphore et des Dardanelles, desserre l'étau du golfe d'Alexandrette. Ce qui lui permet d'accéder aux Balkans par le nord de la mer égéenne, au Levant et à l'Afrique par le sud de la mer libyenne, à l'Arabie par le canal de Suez.

D'humanitaire dans sa rhétorique et de sécuritaire dans son affichage, la présence turque à Chypre se révèle offensive dans son principe. Et ce, d'autant plus que l'importance stratégique de l'île, naguère régionale est désormais globale, concentrant les attentions d'Israël et de l'Égypte, de l'Europe et de la Russie, de l'Amérique et de la Chine. La géopolitique se moque de la morale. Jamais un hasardeux accord international n'abolira la République turque de Chypre-Nord. Sauf s'il est à l'avantage de la Turquie.

Retour à l'histoire. Lui-même prisonnier du syndrome de l'encerclement, Kemal a en tête de briser le rideau insulaire grec qui fait face à la rive continentale turque et que Lausanne, pour une fois conforme à l'histoire, lui a imposé. La prise d'Alexandrette lui est vitale pour ouvrir une brèche à la fois militaire et commerciale. Or, dix ans après sa mort, en 1947, le rattachement de l'archipel du Dodécanèse, occupé jusque-là par l'Italie, à la Grèce vient renforcer la ligne de front. Rhodes redevient la vigie adverse qu'elle a été sous les empereurs de Byzance et les chevaliers de l'Hôpital avant d'être difficilement et tardivement conquise par la Sublime Porte.

La prise de Chypre en devient vitale car elle ressort comme l'unique pivot maritime de la doctrine stratégique de l'armée turque, celle des « deux guerres et demie » avec, vu d'Ankara, l'ennemi grec à droite, l'ennemi syrien à gauche et l'ennemi kurde au centre. Sans la capture de l'île, la brèche se referme. Et la capturer est légitime en vertu de sa turcité.

Un autre argument déterminant s'ajoute. Là aussi, la guerre classique de reconquête se dédouble en guerre de conquête économique. À l'orée des années 1970, Ankara est forcée de constater que les projets d'oléoducs ou de gazoducs turco-iraniens et turco-irakiens (comme il sera le cas ultérieurement pour le gigantesque pipeline turco-caucasien Bakou-Tbilissi-Ceyhan) impliquent que leurs terminaux se situent au nord ou au sud du golfe d'Alexandrette. Ce même golfe que Chypre contrôle. Cette même île de Chypre où confluent les ressources fossiles des fonds marins dont commencent au même moment l'étude et l'exploitation systématiques. Soit la promesse de l'indépendance énergétique qui manque à la Turquie.

Début 1974, six mois avant l'invasion, une campagne de sondages menée par Ankara hors de ses eaux territoriales débouche sur des accrochages navals et aériens avec Athènes. Ils entraînent une grave tension internationale qui sera résolue à grands coups de subventions en faveur de la Turquie. Ce n'est qu'un coup d'essai. Il y aura beaucoup d'autres chantages de ce type au cours des quatre décennies suivantes jusqu'au coup de maître maquillé en coup de folie d'Erdoğan en 2020.

Entre les deux dates, le gaz s'est ajouté au pétrole, le traité de Paris a amendé en 1947 les dispositions du traité de Lausanne relatives à l'Égée, un eldorado de futur butane et propane a été découvert dans les profondeurs de la Méditerranée orientale, les alliances se sont renversées avec la formation d'un consortium énergétique réunissant Israël, l'Égypte, la Grèce vite rejoints par la République de Chypre (celle du sud, internationalement reconnue). C'est seulement en Turquie que rien n'a changé. Indice supplémentaire de l'épaisseur du trait d'union qui relie les deux guides providentiels.

Au début 2020, le président Erdoğan n'hésite pas à violer le tracé des eaux méditerranéennes tel qu'il a été défini en 1923 et confirmé en 1947. Il ne chipote pas plus à démontrer en personne combien l'indépendance de Chypre-Nord proclamée en 1983 est une chimère. Le voilà qui lance des fouilles d'hydrocarbures à l'entour des côtes de son dominion. Et finit par souscrire au rappel à l'ordre après avoir constaté l'absence de résultats probants.

Au cours du printemps, le Reis déploie en fanfare cargos et frégates au large de la Libye. Cette démonstration de puissance a un double but. D'une part, valider l'accord de délimitation maritime mais aussi d'assistance militaire et d'exploitation gazière qu'il a contracté avec le Gouvernement officiel en bon geste de fraternité islamiste. D'autre part, invalider les accords pris par les autres pays riverains et qui l'excluent moins par volonté politique (même si les signataires s'en félicitent), qu'il n'en est exclu de fait (en l'absence de droit extensif sur les plateaux continentaux, à moins de confier leurs tracés au bureau de la cartographie d'État turc).

L'été venu, Recep Tayyip Erdoğan entame une vaste campagne de forages dans l'Égée. Jamais à court de provocations symboliques, c'est sous l'escorte de vaisseaux surarmés et en balayant du débarcadère de Kastellórizo aux ports de Crète qu'avance le navire d'exploration *Oruc Reis* (du nom en turc du pirate puis amiral ottoman Barberousse qui terrorisa la Méditerranée au XVIe siècle avant de régenter Alger et Tunis). La Turquie n'est-elle pas chez elle ? Et qui osera lui reprocher de faire le tour du propriétaire ? L'escalade est vertigineuse, la menace sur la paix maximale. Lorsque la France, pour assister la Grèce, dépêche sur place bateaux et avions, Recep Tayyip Erdoğan renverse la charge et accuse Emmanuel Macron de « chercher la guerre ».

La guerre, non seulement la Turquie l'a cherchée, mais encore elle l'a trouvée, organisée et justifiée en 1974, invoquant la clause suspensive des accords de Londres et Zurich, le cas de légitime défense prévu par le droit international, le devoir de protéger les populations exposées induit par la morale universelle. Devant cette paradoxale plaidoirie au regard du passif turc, les Nations Unies, l'Alliance atlantique, la Communauté européenne n'ont alors pas bronché. Ou du bout des lèvres. Elles ont accepté l'omerta exigée par les États-Unis au nom de la logique des blocs. Et renvoyé à des négociations sans nombre, des plans sans fin, des médiations sans espoir quelques arrangements de façade que, significativement, les Chypriotes turcs ont été immanquablement les seuls à accepter.

La question chypriote est restée pour Ankara une monnaie d'échange virant aisément à la monnaie de singe dans ses pourparlers avec Bruxelles. Au cours de l'interminable processus d'adhésion à l'Union, elle a suivi les zigzags, épousé les dents de scie de cette palinodie permanente. Elle a même semblé pouvoir être résolue lorsqu'en Turquie, à l'entour des années 1990, les gouvernements libéraux successifs ont endossé la vague européiste, pour le coup sincère et profonde, animant la partie occidentale et la plus occidentalisée du pays.

Cela n'a pas suffi, et ne pouvait suffire, à effacer le péché originel de l'Europe institutionnelle, son silence coupable, son absence de réaction à hauteur du drame chypriote ainsi que son insincérité initiale à l'égard de l'État turc et terminale envers la Nation turque. Mécaniquement, l'entrée de la Grèce dans la Communauté européenne en 1981 puis l'entrée de Chypre dans l'Union européenne en 2004 revenaient à fermer la porte à la Turquie pour le simple fait de la règle d'unanimité. Ni Athènes, ni Nicosie ne pouvaient admettre la mainmise d'Ankara qui ne pouvait y renoncer.

La démarche tour à tour de déni, de palabre et d'accommodement qu'a adoptée Bruxelles a fini par atteindre sa destination. Elle a abouti nulle part. Cette manière technocratique de s'exonérer d'une faute initiale, le laisser-faire, par une faute seconde, le lâcher-prise, montre, si besoin était, l'insensibilité congénitale de la construction européenne, telle qu'elle s'est opérée, à la réalité des peuples.

À la manière de Kemal et des successeurs de Kemal, Erdoğan a lui aussi joué en biseautant les atouts que l'histoire lui a placés en main. Il a utilisé la carte diplomatique de Chypre ainsi que la carte politique de l'Europe avec brio, parfois même avec magie. Il en a usé et les a usées tout le temps que cela lui a paru utile. Un temps manifestement révolu.

Désormais, ses sorties militaires soulignent mieux que ses discours moralisateurs combien on ne fera pas sans lui. Gagner une bataille, voire des batailles, n'est certes pas remporter la guerre et il ne l'ignore pas. Mais en attendant, haro sur la puissance impotente, si empêtrée dans ses faux-semblants et faux-fuyants qu'elle ne saurait rendre les coups ! Et ça, il le sait pour sûr.

La faute

Que s'est-il passé ? Dès le départ, l'Europe a pour Kemal les yeux de Chimène. Elle salue en lui le maréchal de l'indépendance, l'artisan de la nation, le réformateur de l'État. Un moderne à son image. Mais ce qui littéralement l'épate est l'entrain frénétique qu'il met à importer ses savoirs et ses mœurs, son architecture et son horaire, ses lettres et ses chiffres, ses poids et ses mesures. Au coin de la rue, dans la fabrique, à l'école, au sein du foyer, la Turquie s'occidentalise. Avec Atatürk, l'Europe pense avoir réalisé sa « mission civilisatrice » sans avoir eu à coloniser. Une sorte, si l'on veut, d'annexion culturelle autoproduite.

Kemal, pour sa part, estime que progrès rime avec puissance. En aucun cas, il ne s'agit d'une reddition. Au regard de la permanence des résistances à l'intérieur et de la montée des dangers à l'extérieur, il devine que son césarisme bénéficiera d'une indulgence condescendante ou d'une considération envieuse sur le Vieux Continent. L'Europe lui montrera d'autant plus d'aménité qu'il lui a infligé une rossée militaire. De même, il entend bien que la Turquie rivalise un jour avec elle grâce à ces autres bataillons que sont l'industrie et le commerce. À l'annexion supposée, il répond par l'appropriation sélective.

Pour les deux parties, l'armée turque est la caution de leur engagement mutuel. Du côté européen, elle est perçue comme le meilleur vecteur de l'occidentalisation parce que tournée, par métier, vers l'ordre et l'innovation. De surcroît, le zèle juvénile qu'elle montre à combattre ne va pas sans exercer une sorte de fascination dans les chancelleries et les ministères après l'atonie causée par la saignée des tranchées. Du côté turc, l'armée est conçue comme la première élite du pays, supérieure à l'administration, écrasant sous sa botte préfets, diplomates et magistrats. Elle a assuré la victoire de la révolution, incarne la force de la nation et assurera la pérennité de la République. Elle constitue en quelque sorte le corps mystique d'Atatürk.

D'où l'axiome, admis de part et d'autre, que les militaires sont et seront les gardiens des institutions. Ce que les Européens comprennent comme un devoir et un service. Les Turcs, comme un droit et une habilitation. Dans l'univers du sabre, le soldat n'est pas fait pour rentrer à la caserne, mais pour en ressortir. Un quiproquo qui est appelé à durer et que va aggraver la redistribution planétaire des cartes après 1945.

Suprématie des États-Unis sur l'Europe et cadre bipolaire de la Guerre froide face à l'Union soviétique : la Turquie, qui se sent orpheline après la mort de son fondateur, doit choisir son camp. Elle se laisse préférer par l'Amérique. À fuir le souvenir de l'Empire ottoman, elle n'oublie pas cependant les vexations que l'Empire tsariste a infligées à ce dernier. Et puis Moscou paraît trop proche d'Ankara, trop envahissante aussi avec les peuples frères d'Asie centrale. Enfin, et surtout, le kémalisme est compatible avec le capitalisme, mais pas avec le communisme. Le premier le solidifie par l'idée de prospérité là où le second dissoudrait sa singularité.

Washington accélère le pas en accumulant les publications de bans. En 1947, la Turquie intègre le Plan Marshall. En 1952, elle adhère à l'Alliance atlantique. En 1953, elle place la brigade qu'elle a envoyée en Corée sous le commandement de l'US Army. Les vieilles puissances se plient sans ciller au calcul stratégique de leur fils prodigue revenu d'au-delà les océans pour se faire le protecteur du continent : l'ennemi c'est l'URSS, et le pays qui, sur son flanc sud, a mille kilomètres de frontières avec l'ennemi, c'est la Turquie.

En 1963, De Gaulle, pourtant longtemps réticent, décide d'associer Ankara à la CEE, l'ancêtre de la Communauté puis de l'Union européenne, ouvrant ainsi cinquante ans de négociations qui, comme son geste, n'aboutiront pas. Et pour cause. Le Général procède à un coup tactique qui ne soutient aucun axe stratégique. Il s'inspire de l'alliance tout aussi épisodique que François Ier avait nouée au XVIe siècle avec la Sublime Porte pour prendre de revers le Saint Empire prêt à ceinturer la France. Cette fois, il s'agit de contourner l'emprise d'une République impériale en détournant de son influence une République nationale. Le plan est astucieux, mais l'intendance ne suivra pas. Ni en Turquie chez les militaires, ni en Europe chez les politiques.

Le piétinement du ni oui ni non qui va en découler a pour cause immédiate la disposition antithétique des représentations géopolitiques. La vision gaullienne de la France seule, irréductible aux empires (y compris et surtout américain), implique qu'elle aille chercher des alliés aux périphéries à la fois de l'Occident et de l'Orient (dont la Turquie à la bordure de l'Europe). La vision kémaliste de la Turquie forte, rompant avec la fragilité et l'isolement, requiert qu'elle soit détachée de l'Orient (dont le monde levantin happé par le bloc socialiste) pour être rattachée à l'Occident (d'abord et essentiellement américain). Dans ce chassé-croisé, contrairement à l'Alliance atlantique, dans laquelle la France est entrée, va sortir et rentrera au grand étonnement de la Turquie, la Communauté puis l'Union européenne s'avère une variable d'ajustement.

Il est toutefois une raison plus déterminante à cette impossibilité. À froid, hors un accès de fièvre européiste de type utopique, la pétition turque ne peut souffrir interrogation. Géographiquement, l'Europe s'arrête au Bosphore. Historiquement, la conscience européenne s'est affirmée contre l'impérialisme ottoman. Politiquement, la Turquie deviendrait le pays à la fois le plus peuplé et le moins avancé, le plus religieux et le moins démocratique de l'Union. Militairement, elle en porterait les frontières sur des zones de guerre. Culturellement, l'État turc refuse l'épreuve typiquement européenne du retour critique sur soi.

Terme à terme, à deux ou trois mots près, cet argumentaire emporte l'évidence s'il est appliqué à la Russie. Or il est contesté dès que, précisément, il s'agit de la Turquie. Pourquoi ? Dans le même temps, tous les motifs justement opposés à la perspective d'une complète intégration soulignent, une fois retournés, la nécessité d'un partenariat privilégié (que le peuple turc, à tout le moins, fait mieux que mériter). Or cette hypothèse, qui est la plus crédible, a été la moins examinée et la moins explorée. Là encore, pourquoi ?

Parce qu'avant tout l'Amérique a dit non. Dès 1959, elle veut que la Turquie entre dans l'Europe. Sans délai aucun. Sans restriction aucune. Elle ne peut se passer de ce verrou des mondes qui accueille ses troupes, ses bases, ses bombes nucléaires, de cette sentinelle qui ferait face à la déferlante soviétique et qui est son dernier allié fiable au Moyen-Orient alors que partout ailleurs, dans les anciens territoires de l'Empire ottoman, le communisme avance. Intégrer la Turquie dans l'Europe, c'est l'arrimer à l'Occident, sanctuariser sa puissante armée que le Pentagone finance et équipe, gagner sa classe politique au libéral-conservatisme, mais aussi vassaliser un peu plus l'Europe en affaiblissant sa cohérence et, partant, sa prétention à l'autonomie.

La Turquie doit être reconnue européenne. De droit, de fait. Sinon, prévient Washington, à se montrer trop réticentes ou trop exigeantes, les capitales du vieux monde auront à porter la culpabilité d'avoir fait basculer Ankara dans le camp adverse. Antienne que reprendront les généraux turcs dans les couloirs de l'OTAN durant les cinquante années de va-et-vient réciproques, agitant comme épouvantail d'abord l'Est socialiste, puis l'Orient islamique.

Deux pronostics de malheur parfaitement vains. Nul besoin, tout au long de ce même demi-siècle, que ces bascules adviennent pour que la catastrophe fonde sur les Turcs et les étreignent. Ils vont payer et repayer le prix fort de l'amitié intéressée que leur porte l'Oncle Sam.

Grâce à son alliance exclusive avec les États-Unis, la Turquie retrouve le chemin de la puissance mais par l'inféodation. Le « fer de lance de l'Occident » n'est jamais qu'une citadelle assiégée, en permanence au bord de la guerre civile. À l'extérieur, la menace que représente son armée, hypertrophiée par cette alliance, la fait exécrer par ses plus proches voisins, les mondes slave, balkanique, arabe et perse. À l'intérieur, l'armée qui est l'objet de cette alliance, et l'allocataire au point d'être devenue l'un des premiers propriétaires et rentiers nationaux, se retourne contre le peuple chaque fois qu'elle paraît menacée. Un peuple qui plonge ainsi dans l'aliénation.

Les militaires agissent en pleine impunité. Ils savent qu'ils n'encourent guère le reproche de leurs alliés. L'Amérique approuve leurs coups d'État (quand elle ne les organise pas) car, dans la lutte contre le communisme, le kémalisme représente une digue solide qu'il serait malvenu de saper. L'Europe regrette leurs putschs dans la forme (à mots voilés), mais les juge salutaires sur le fond car ils maintiennent les avancées positives du kémalisme. L'Amérique et l'Europe s'accordent sur l'idée qu'en Turquie, et en attendant l'avènement lointain de la démocratie, mieux vaut le républicanisme, aussi autoritaire qu'il puisse paraître, car l'idéologie kémaliste a pour elle d'être un progressisme.

La décence force à laisser l'appréciation du dit « progrès » à celles et ceux qui l'ont expérimenté dans leur chair. Quant à la foncière ambivalence de la notion, par-delà les disputes philosophiques, l'exemple même du kémalisme suffit à l'illustrer : il n'est pas sûr qu'il faille emprunter le modèle occidental, mais il est certain qu'il faut s'abstenir de l'emprunter si l'on n'adopte pas en même temps l'esprit occidental. Sans ce contre-pouvoir, point tôt ou tard le culte mortifère de l'auto-divinisation tel qu'il a été dépeint et dénoncé dans les mythes et fables d'Occident, de Prométhée à Dark Vador en passant par le Golem et Frankenstein.

C'est déjà une grande faute que ne pas prévenir de l'existence de cet écueil et le laisser se creuser. Mais la faute devient majeure à le couvrir lorsqu'il se répète.

Le jour vient où il est impossible de ne plus réagir, mais souvent trop tard et, à la manière des anciens Grecs, le remède peut se révéler un poison. Les sanglots rétrospectifs de l'homme occidental ne sont pas tous infondés, ce que vérifie cruellement le cas turc.

En faisant de la modernisation promue par le kémalisme un exemple univoque de progrès, les Américains et les Européens ont pavé la voie à l'erdoğanisme en lui permettant d'incarner une progression diversifiée au sein de la modernité (un ersatz d'option démocratique en l'absence de démocratie assurée). Ce qu'il a fait. Au moins le temps de prendre le pouvoir. Et que s'opère le transfert des attributs de la surhumanité entre les deux Reis que l'Occident a facilité.

Le transfert

Le défaut des raisonnements américain et européen revient à n'avoir pas compris que le kémalisme, dès Kemal, a été mutant. Qu'il est dans la nature de la Turquie, telle qu'elle a été programmée (et ainsi qu'il faudrait qu'elle se déprogramme), d'être un nouveau Janus. Mais un Janus moins à deux faces égales que partagé sur deux fronts, le sabre et le turban.

La dérive suit le fil des coups d'État. Celui de 1960 inaugure le mouvement. Adnan Menderes a restauré la visibilité de l'islam traditionnel et, ce faisant, il a nui à la représentation de l'indivisibilité de la République. Les militaires qui le renversent sont des kémalistes pour qui le progressisme n'est pas arbitraire en se montrant autocratique. Ils s'en tiennent, si l'on veut, à la définition brute : leur kémalisme est antilibéral. Le putsch de 1971 est commis par des généraux affiliés au Pentagone qui anticipent celui que projettent des généraux lassés du joug américain. Ils sont tous républicains mais se divisent sur le moteur prioritaire du progrès : le kémalisme des premiers (de droite, occidentalistes) est conservateur ; le kémalisme des seconds (de gauche, nationalistes) est réformateur. L'uniforme d'Atatürk est assez large pour être chaque fois retaillé sur un patron annoncé comme l'original.

Le coup d'État de 1980, le plus terrible en termes de répression, se déclare à son tour kémaliste mais au nom de l'anticommunisme. Ses protagonistes décentrent la mutation en l'indexant à l'aune planétaire et ils la parachèvent idéologiquement en mobilisant les strates précédentes. Les généraux reprennent à leur compte le déplacement de Menderes, mais de manière centripète en le ramenant à l'État. Lequel, désormais, se voudra à la fois autocratique et conservateur dans le domaine politique, libéral et réformateur dans le domaine religieux. Ce qui revient à affirmer que la Turquie est ensemble occidentale et musulmane. La dérive entamée vingt ans plus tôt aboutit ainsi au kémalo-islamisme.

Le calcul des généraux de 1980 est que, sur le plan idéologique, rien ne résiste mieux à la révolution que la religion. La lutte finale contre le communisme passe par la propagation de l'enseignement religieux, la construction de mosquées dans le pays et dans la diaspora, la restructuration sur un mode offensif de la Diyanet. À la nation il faut l'islam, et à l'islam il faut la nation, condition du réarmement contre l'ennemi soviétique toujours menaçant, mais aussi l'ennemi séparatiste désormais recrudescent.

Pour autant, les militaires n'innovent pas : la synthèse turco-islamiste est déjà présente chez Kemal et l'explosion démographique a rendu inévitable la reconnaissance de la criante évidence sociologique.

La multiplication des couches paupérisées profite au turban. Mieux vaut donc, pour le sabre, instrumentaliser le regain religieux que le brimer. Qui plus est, avec l'accord explicite de Washington.

La théorisation du fondamentalisme musulman comme antidote au tiers-mondisme révolutionnaire est en effet américaine. La nouvelle ligne de fracture, front vert contre front rouge, se déduit de la Guerre d'Afghanistan. Les attentats de 2001 ne modifieront pas, en substance, cette approche globale dont dépend en premier lieu la sanctuarisation de l'Arabie saoudite et des Émirats ainsi que de leurs ressources. La Guerre d'Irak, en 2003, sonnera le glas du soutien aux régimes laïcistes du Proche-Orient. Les Printemps arabes en 2011 ratifieront le mandat accordé par procuration à l'islam politique.

Sur le papier, ce sera donc dans le but d'endiguer les « islamistes extrémistes » que les États-Unis investiront dans les « islamistes modérés », décrétés compatibles avec le « monde libre ». La sauvegarde à tout prix de la *pax americana*, parce que le levier de l'hégémonie, ainsi que la sympathie innée entre le sunnisme orthodoxe et l'évangélisme réformé, parce que structurelle, faciliteront le changement de braquet. En Europe, les adeptes de l'atlantisme en feront la promotion, expliquant que les « islamo-démocrates » turcs d'aujourd'hui ne sont jamais que des émules des « démocrates-chrétiens » italiens d'hier. Un renversement d'axe que va parfaitement saisir Recep Tayyip Erdoğan et dont il va savoir habilement se servir.

C'est toutefois l'ingénierie développée par les militaires pour garder le pouvoir qui va lui offrir l'opportunité inespérée de le conquérir. Les généraux tardent à admettre que, sur la boussole de l'Europe, les aiguilles indiquent désormais les droits de l'homme, repère symbolique dont l'éminence tient pour beaucoup au défaut d'armature idéologique dans la construction de l'Union. De manière plus pragmatique, il y va aussi d'un bon outil pour retarder l'entrée de la Turquie tant les contentieux sur cette question prolifèrent par eux-mêmes. L'armée, interdite de guerres mais pas de guérillas, s'éloigne peu à peu du schéma initial : elle est toujours plus occidentaliste et de moins en moins européiste. L'adhésion signifierait démocratisation, entraînant pour le sabre la perte de sa titularité.

Il n'y a pas que Bruxelles pour demander aux militaires de rester dans leurs casernes et de renoncer à subordonner le pouvoir politique à leur curatelle qui ne saurait être constitutionnelle et doit cesser d'être constitutive. Washington a vu le front global se mouvoir de l'Est à l'Orient. Ses nouveaux alliés turcs se trouvent dans les mosquées. Que les janissaires soient purgés ne dérange pas l'Amérique tant que la Turquie, même enturbannée, reste dans l'OTAN.

L'AKP, le parti de la Justice et du Développement que fonde Erdoğan sur les décombres des mouvements islamistes qui ont l'un après l'autre échoué, se conforme au profil dessiné par l'Occident jusque dans son intitulé (le droit pour les Européens, la prospérité pour les Américains). Lui, l'islamiste devient le champion de l'intégration qui sait allier la Démocratie et le Capital. Il va relever ces deux piliers au sein d'un pays qui s'enfonce dans la crise économique et politique au grand dépit de ses alliés.

Banco ! Européiste, libéral, tolérant comme nul autre, le Reis rassemble autour de sa base fanatisée tous les partisans d'une Turquie redressée, de l'extrême droite chauvine au centre gauche diversitaire en passant par la droite de l'argent. Il absorbe quasiment en totalité l'espace électoral utile. Jusqu'aux chefs maffieux qui se rallient à son turban et, en signe de bonne volonté, font le pèlerinage à La Mecque. En cette saison aux couleurs de printemps, la modernité turque se décline vert-islam à Ankara et, à Paris, Berlin, Washington, Erdoğan prend la place de Kemal comme son garant.

Le nouveau Reis clone l'ancien Reis. Il fait tout pour rassurer les grandes puissances quant à son indéracinable irénisme. Et il engrange leurs satisfécits. Politiquement, Erdoğan va au-devant des Kurdes et les couvre de mesurettes sans rien céder sur l'interdit kémaliste de l'autonomie. Économiquement, il renoue avec la promesse qu'avait faite Kemal du « bonheur d'être turc ». Le projet américain de « Grand Moyen Orient » appuie son ambition. Du petit entrepreneur anatolien, à la mentalité quaker, au gros investisseur istanbuliote, de culture managériale, les Turcs font leur marché dans l'entière région et, l'islamisation aidant, réussissent mieux à s'exporter que sous l'affichage national du kémalisme. Diplomatiquement, il fait sienne la doctrine de son ministre des Affaires étrangères, Ahmet Davutoğlu, prônant le « zéro problème avec les voisins ». Erdoğan campe une Turquie non seulement pacifiée mais aussi pacificatrice, apte à jouer le rôle de médiatrice dans son alentour, particulièrement musulman. Une variante, sur un mode encore plus fraternel, du refus de l'expansionnisme martelé, au moins dans son principe, par Atatürk.

S'il y a un moment néo-ottoman dans l'ère Erdoğan, c'est celui-là. Dans les arts, les lettres, les sciences humaines, mais aussi la mode, la gastronomie, le thème fait florès. Il indique une certaine nostalgie, quoique moins celle de la puissance impériale de jadis que du cosmopolitisme ambiant de naguère. Pour le dire autrement, moins la sombre Istanbul de Chateaubriand que la Stamboul féerique de Loti. Soit un rapport positif à l'étranger avec lequel les Turcs, s'ouvrant de manière dynamique à un rayonnement retrouvé, peuvent renouer.

L'emploi du terme reste cependant abusif pour qualifier la période qui suivra. Il relève de la facilité. Il rate le fait que, dans le rétroviseur d'Erdoğan, il n'y a que Kemal. Et que la roue du pouvoir suprême poursuit son cycle, de la fondation à la refondation, quels que soient les masques que la conquête et la reconquête empruntent dans l'instant.

Erdoğan, néo-ottoman de circonstance par goût et par provocation, par démagogie rhétorique aussi, a continué son ascension. Graduellement, il a fait le vide autour de lui. Depuis 2002, en deux décennies, le commandement militaire a été éliminé, puis la première génération de l'AKP a été éliminée, puis la deuxième génération, puis le mouvement güleniste, puis l'opposition et, enfin, la part vive de la société civile. Tout comme Atatürk au temps de son pouvoir absolu, ne subsiste auprès du Reis qu'une élite d'opportunité. Islamiste dans son expression, kémaliste dans son organisation, elle est erdoğaniste par conviction et par intérêt. Elle se veut soumise au nouveau maître de la grande nation turco-sunnite jusqu'à suivre le Turc-Frère dans sa radicalisation qui déborde désormais les frontières de la Turquie. L'erdoğanisme vit de la certitude qu'il n'est pas venu abolir le kémalisme mais l'accomplir.

La reconquête

En 1981, pour le centenaire de la naissance de Mustafa Kemal, l'Unesco décrète une « année mondiale Atatürk », célébrant en lui le « promoteur des luttes anti-impérialistes et de l'harmonie entre les peuples ». L'institution des Nations Unies dévolue à la culture n'a pas pour habitude de redouter le ridicule. En 2016, plutôt que de s'abandonner au culte désuet de la personnalité propre aux régimes autoritaires, elle abandonne aux fondamentalismes religieux le soin de dresser l'inventaire des Lieux Saints à Jérusalem. Les temps ont changé.

Ce dont Recep Tayyip Erdoğan a une conscience aiguë. Sans doute se moque-t-il d'obtenir un tel hochet posthume. Il y a combat et combat. L'actuel désordre mondial fait que les lauriers ne se cueillent plus dans les enceintes diplomatiques mais qu'on les arrache dans les tranchées géopolitiques. À chacun sa tâche. Kemal a réparé le désastre, lui rénove l'éclat. Après la nécessité de la défense, la liberté de l'attaque. Après le redressement, la reconquête.

Ce sera donc la guerre pendant la peste. Multilatérale. Totale. Sans crier gare. La pandémie du coronavirus et le confinement planétaire sont propices à durcir les fronts déjà établis, à ouvrir de nouveaux fronts inattendus, à intervenir toujours plus loin, plus fort afin de maximaliser l'escalade. Et, avec elle, la terreur qu'une telle course folle sème chez l'ennemi.

La vérité est que la Turquie avance en devançant nos dérobades. Envois de troupes ou de mercenaires, fournitures d'armes ou de munitions, provisions de logistique ou de renseignements : la liste de ses interventions militaires paraîtrait ubuesque si elle ne manifestait tragiquement que nul ne semble prêt ou apte à stopper Erdoğan. D'où un sentiment d'irréalité. Au point que l'on perde la logique qui préside à la planification et à l'exécution de ses guerres.

Où, contre qui, en vue de quoi la Turquie intervient-elle, cela semble clair au coup par coup. En Irak, contre le Gouvernement régional kurde soutenu par États-Unis, la Grande-Bretagne et la France, de même qu'en Syrie, contre le Gouvernement central alaouite soutenu par l'Iran, elle vise à acquérir un corridor frontalier. En Méditerranée orientale, contre Chypre et la Grèce, donc l'Union européenne, elle a pour but d'emporter des réseaux insulaires eux aussi borduriers. En Libye, contre le gouvernement du maréchal Haftar et, partant, ses soutiens qui sont l'Égypte, l'Arabie saoudite, la Russie et la France, elle a pour finalité la préemption d'une zone portuaire. Au Caucase, autour du Haut-Karabagh, contre l'Arménie et pour l'Azerbaïdjan, mais aussi contre leurs voisins que sont la Russie et l'Iran, elle entend s'assurer un couloir vers l'Asie. Enfin, dans la Corne de l'Afrique, quoique par l'action clandestine, contre l'Arabie saoudite, les Émirats-Unis et, plus loin, la France, elle cherche à se frayer une voie d'est en ouest sur le Continent noir.

Le constat est simple. Alors que se rapproche le centenaire du traité de Lausanne, le président Erdoğan repousse chaque ligne de démarcation qui a été dessinée en 1923. Il annule la signature de la Turquie en affirmant sa puissance. Et l'affirmant brutalement, il invite à la surinterprétation qui fait croire à sa surpuissance. Un tour d'esbroufe, la feinte de l'ultimatum digne de l'adolescent débrouille qu'il fut.

Le « leader mondial », selon le titre dont l'auréole la presse officielle turque, alimente lui-même la rumeur. Ces territoires ne sont-ils pas, ainsi qu'il le déclare, « les terres où nos ancêtres ont fait l'histoire », peu ou prou conquises quelque jour par le sabre et le turban ottomans ? Les adversaires auxquels il se confronte ne ressemblent-ils pas étrangement aux anciens ennemis de la Sublime porte qui ont démembré l'espace ottoman ? Enfin, le Reis, en bon démagogue appelant aux hiers mythifiés pour éluder le dur présent, ne convoque-t-il pas incessamment le glorieux passé ottoman ? D'où l'idée, devenue un lieu commun, que le néo-ottomanisme distinguerait définitivement Erdoğan de Kemal. L'empire et la religion contre la nation et la laïcité : l'explication est trouvée.

Cette commodité de langage vire à son tour au mirage. La carte de l'Empire ottoman ayant constitué un véritable accordéon sur six siècles, à quel stade d'amplitude Erdoğan se réfère-t-il pour déterminer ses appétits territoriaux ? Et d'où vient d'ailleurs cette formule, le « néo-ottomanisme », qui se prête si facilement à l'incantation ?

Le terme et le concept ont été forgés à la fin de la décennie 1980 par le président Turgut Özal. Pour ce libéral d'origine kurde, victime d'un attentat fascisant au cours de son mandat, la Turquie doit renoncer au rouleau compresseur étatique et reconnaître sa pluralité ethnique et culturelle afin de se réconcilier avec les nations ayant anciennement appartenu à l'Empire. C'est cette double acception, de politique intérieure et de politique étrangère conjointement dénationalisées, que reprend Ahmet Davutoğlu, le théoricien de la diplomatie d'Erdoğan première manière et tombé depuis en disgrâce. Ce n'est ni ce que pense, ni ce que fait le Reis depuis qu'il concentre tous les pouvoirs.

La construction supposément univoque de cet impérialisme souffre de la même vacuité. Le nationalisme turc ne connaît pas un empire (ottoman) mais en reconnaît seize (hun, mongol, timouride, moghol entre autres), cette représentation étant devenue canonique depuis la dictature militaire de 1980. Les statues des fondateurs présumés de ces dynasties encadrent désormais le buste de Kemal, leur héritier putatif, dans les lieux publics. Elles ornent également le grand escalier du palais ankariote d'Erdoğan. Quand ce ne sont pas seize acteurs costumés en khans et sultans qui sont réquisitionnés lors des réceptions officielles, comme celle donnée en l'honneur du dirigeant palestinien Mahmoud Abbas en janvier 2015.

L'empire est un imaginaire et l'imaginaire permet de mobiliser pour atteindre de plus prosaïques réalités. À preuve que l'arsenal des représentations impériales détournées, le néo-ottomanisme mais pas seulement, peut être complété par d'autres, inventées sur le tard et sur le tas. Autant que de besoin. Et avec plus ou moins de talent ainsi qu'il en va de la *Mavi Vatan*, la « Patrie bleue », pour justifier la sortie en Égée : cette théorie a été fabriquée à la va-vite par des amiraux de carrière en rupture de ban avec l'OTAN, convaincus que l'Alliance atlantique n'existe que pour « étouffer la marine turque » afin de parfaire l'isolement de l'Anatolie. Un autre retour à 1923, comme si la perte du trauma signifiait la déperdition de l'identité.

Des doctrines adjacentes ont pour avantage d'être moins nébuleuses et plus efficaces. Elles viennent hybrider le discours et la démarche. C'est le cas du panturquisme, jamais vraiment délaissé depuis les Jeunes-Turcs. Pour d'évidentes raisons de biographie et de circonstance, cette forme idéologique a la faveur de Mustafa Kemal. À défaut de cadre impérial, la République va créer des Foyers turcs dans l'espace turcophone et les diasporas qu'elle conçoit comme autant de relais d'influence. Le résultat n'est pas probant. Il l'est à peine plus lorsque, afin de miner l'URSS, l'OTAN encourage le renseignement militaire turc à noyauter l'Asie centrale. Mais le lien est maintenu. Après la chute du communisme, les capitaines d'industrie succéderont avec plus de réussite (et autant de patriotisme) aux maîtres-espions.

Dans les terres d'émigration, les mosquées finiront par doubler les centres militants et, au sein de l'Union européenne, ce maillage sera volontiers confié au contrôle de la Diyanet. Bruxelles aura omis de comprendre que le panislamisme a aussi sa part dans l'élaboration de l'hyper-nationalisme turc. Or, ce courant est précisément apparu à la fin de l'Empire ottoman comme un substitut à sa décomposition. Ce qui indique que si l'on veut expressément labelliser l'actuel bellicisme turc, entre néo-ottomanisme et panislamisme, il faut choisir. À moins que l'on accepte une fois pour toutes sa nature polymorphe.

Les oppositions ont été virulentes par le passé entre ces différentes visions géostratégiques qui ont en commun d'être antérieures à l'apparition de la Turquie. Elles ont paru s'exclure au cours de l'histoire turque. Ce n'est plus le cas sous Erdoğan. Tout simplement parce qu'au terme, invariablement, la même apologie de la force se coule dans le véhicule d'occasion (qu'il surgisse ou que l'on exhume). Tout est bon qui sert la reconquête, laquelle est à soi son alpha et son oméga.

La destinée d'Alparslan Türkeş (de son nom de guerre) est éclairante sur la plasticité du Grand-Turc. Originaire de Chypre, lié au putsch de 1960, vice-Premier ministre en 1975, le *Başbuğ*, le « meneur » de l'extrême droite laïciste et le rénovateur du panturquisme, est jeté en prison par ses rivaux, les généraux, en 1980. Insubmersible, il revient au-devant de la vie politique en 1991 grâce à son alliance avec le Refah, le parti islamiste (pas si étonnante que ça). L'année suivante, en 1992, Türkeş lance son mouvement, le Parti d'action nationaliste (MHP), à l'assaut des ex-Républiques soviétiques turcophones et prend pied fermement en Azerbaïdjan. Le groupe paramilitaire des Loups Gris, réputé proche du « Meneur », essaime en Asie centrale et, dans le même temps, quadrille l'Europe de ses « Foyers idéalistes » (voués plus explicitement encore que les Foyers turcs au culte patriotique). Lorsque Alparslan Türkeş meurt, en 1997, ses funérailles sont retransmises par la télévision d'État.

Son testament est sans équivoque. Il consiste en une formule qu'aucun des deux Reis ne désavouerait : « Le corps de notre politique est le nationalisme, et son âme est l'islam. » En 2018, le MHP, forme une coalition avec l'AKP qui permet à Recep Tayyip Erdoğan de gagner les élections et d'obtenir les pleins pouvoirs. Les deux partis sont effectivement convenus que la nation et l'islam sont les deux faces d'une même médaille. L'extrême droite a sauvé, si l'on peut dire, l'islamo-démocratie du démenti des urnes.

C'est en quoi le critère religieux n'est guère plus pertinent pour éclairer le passage à l'offensive de l'erdoğanisme. Ou, plutôt, il y est d'emploi fluctuant. Un nouveau califat ? La trajectoire d'Alparslan

Türkeş, de Chypre à l'Azerbaïdjan, est autrement plus parlante que cette formule moins fausse qu'approximative. Pouvoir déterminer comme le même champ d'action deux topologies si dissemblables illustre combien cette action requiert des alliages idéologiques divers et variables. Il faut que l'offre réponde à la demande (avérée ou putative). Les Chypriotes turcs ne relèvent pas de la stricte orthodoxie sunnite, mais sont intégrables dans la grande nation ethnique. Les Azéris sont en majorité chiites mais turcophones et intégrables dans la grande nation linguistique.

Le cas de l'Azerbaïdjan ne laisse pas de sidérer quant à l'étendue du pragmatisme dont fait montre le Reis. Il ne s'embarrasse pas de la guerre civile qui, sous forme confessionnelle, traverse l'Oumma. Ne le gêne ni l'hérésie, ni l'accusation de s'allier avec l'hérétique. La fraternité du sang (ou considérée telle) l'emporte sur les excommunications de la Sunna. Plus que tout, l'occasion est trop belle de déstabiliser l'Iran voisin, l'« empêcheur » historique, perse et chiite, dont la minorité pour un petit quart azérie a néanmoins donné à la République islamique son deuxième Guide suprême, l'ayatollah Ali Khamenei (à bon entendeur, salut !).

Erdoğan veut-il même prendre la tête du monde sunnite ? Si l'occasion (mot-clé) s'en présente, certainement. Mais il sait l'hypothèse peu réaliste. Son aventurisme n'a pas allégé le lourd contentieux pluriséculaire que les Arabes nourrissent contre les Turcs, les Saoudiens détenteurs de La Mecque en tête. Quant à l'Asie profonde, elle ne figure pas dans ses cartons à l'exception des Ouïgours de Chine, lesquels combinent une fois encore turcité et islamité.

Dans les faits, l'Oumma qui retient l'attention est restreinte. Ethniquement, culturellement, mais aussi politiquement. C'est celle engagée dans le militantisme de type fondamentaliste. Recep Tayyip Erdoğan est moins un musulman qu'un Frère musulman. La confrérie fondée par Hassan el-Banna, le prédicateur et propagateur de l'islam politique, constitue son Internationale. Un Komintern islamiste qu'il peut agiter sur commande : cellules clandestines, mouvements officiels, partis de gouvernements, voire gouvernements eux-mêmes composent un réseau transcontinental qu'il lui est aisé de mobiliser. La toile court du Maroc, de la Tunisie, de la Libye au Pakistan, au Bangladesh, à l'Indonésie en passant par la Mauritanie, le Soudan, l'Égypte ou encore Gaza, la Jordanie, le Koweït et, bien sûr, le Qatar, son seul allié mais fervent dans le Golfe – tous des pays où les Frères ont embrayé sur son appel à anathématiser la France.

Pour autant, en Turquie, les partis islamistes traditionnels conspuent l'« homme de la nation » dans lequel ils ne voient pas un exemple de vertu mais un pur despote. Un second Atatürk, oui, mais pour le pire car arborant de manière indue le turban et maniant, comme son prédécesseur, le sabre à son seul profit. Un idolâtre de lui-même.

Ont-ils tort ? Comme Atatürk, Erdoğan est l'auteur de divisions dont il prétend rétablir l'ordre et d'agressions auxquelles il feint de remédier. Comme Atatürk, Erdoğan est passé maître dans l'art de manier la peur, de désigner l'adversaire et de livrer qui s'oppose à lui au lynchage. Comme Atatürk, Erdoğan joue des idéologies en réserve qu'il transforme en slogans afin d'assurer son pouvoir. La différence est d'échelle. Pour Atatürk, la mesure est le pays. Pour Erdoğan, le monde.

Mais au bout du compte, les politiques, intérieure, étrangère, chez l'un, chez l'autre, chez les deux, n'en font qu'une. Elle a pour nom l'inexorabilité du combat et de l'hécatombe pour exorciser l'indécision originelle qui secoue l'entre-deux qu'est la Turquie. S'amenuiser ou s'accroître. Subir ou infliger. Frapper l'ennemi intérieur, terroriser l'ennemi extérieur. Prendre Alexandrette, soumettre Tripoli. Déminer l'implosion au-dedans, déchaîner l'explosion au-dehors. La logique de la surpuissance fait feu de tout bois. Elle prétexte l'éventualité, voit l'aubaine, saisit l'occasion, fond sur l'opportunité, dévore ce qui se tient à proximité pour s'assouvir.

Nous n'avons pas compris que pour les deux guides, l'Empire ottoman est révolu. Trop proche pour le premier, trop lointain pour le second. Mais que ce renoncement accroît et exalte chez l'un et chez l'autre l'impératif d'une Grande Turquie, propriétaire non pas des anciennes terres impériales, mais des voies permettant d'y accéder et de s'en faire des alliées. Un impératif absolu. Kemal a initié le messianisme turc. Personne ne l'a arrêté. Erdoğan a initié le millénarisme turc. Qui l'arrêtera ?

La faiblesse

Croyants et soldats mobilisés, réversibles, ne faisant plus qu'un au sein du même combat, prédisait Zia Gökalp, le théoricien du mouvement Jeune-Turc : un siècle plus tard, Recep Tayyip Erdoğan a réussi à achever la fusion du sabre et du turban. Il a mené à terme la révolution entamée par Mustafa Kemal, le stratège militaire. Il a résolu l'opposition entre le janissaire et l'ouléma qu'a voulu enrayer Abdul Hamid, le calife islamique. Il a réitéré l'acte fondateur en forçant les portes de Sainte-Sophie pour y prier à l'instar de Mehmet, le sultan conquérant. Il ne lui reste qu'à renouer avec l'origine, le premier djihad, à être intronisé dans le mausolée d'Eyüp, le porte-étendard du Prophète. La panoplie sera alors complète.

Toutefois, c'est un agitateur de la mondialisation et un promoteur de la postmodernité qu'Erdoğan se révèle être au bout de cette galerie des masques. Un adepte de l'artefact et un champion du collage qui sait allier la brutalité primitive et la technicité performante. Ainsi, lorsqu'il déterre du fond le plus archaïque du despotisme oriental la manipulation des populations comme instrument de guerre innovant contre le monde occidental.

Unification de la nation, unification de la religion : plus que jamais, sous le Reis, la turcité repose sur le régime monarchique et le culte monothéiste qui ont pour mission providentielle de ciseler les Turcs en une communauté monolithique. Que l'ère qui s'ouvre soit celle de migrations sans précédent ne constitue qu'en apparence un désavantage. Elles ne sauraient venir perturber l'identité primordiale. Ni dans un sens, ni dans l'autre. Il suffit de traiter les immigrants et les émigrés en forces d'appoint selon le degré de leur appartenance et la valeur de leur utilité. D'en faire des matériaux humains de puissance ou d'influence.

Ce détournement des populations déplacées, l'Europe ne va pas le contrecarrer mais va l'éluder puis s'y soumettre. Jusqu'au tournant de l'an 2000, la Turquie est pour elle un pays d'émigration d'où proviennent le plus grand nombre d'expatriés présents sur son territoire : il passe de 700 000 individus en 1974 à 3 000000 à cette date et atteint 3 700 000 personnes en 2020 (une multiplication par cinq sur cinquante ans). De son côté, Ankara pratique alors une immigration strictement turcophone à partir des Balkans, du Caucase et de l'Asie centrale (Afghanistan inclus et bien loti). La porte est étroite pour les autres candidats, jugés inassimilables, et fermée pour les entrants illégaux qui sont massivement refoulés : 500 000 d'entre eux sont soumis à expulsion entre 1995 et 2005 selon les données officielles turques qui ne distinguent pas entre réfugiés politiques et migrants économiques.

Le tableau chavire sous les nouvelles guerres d'Orient qu'inaugure l'invasion américaine de l'Irak en 2003. Mais aussi sous l'incurie des technocrates bruxellois. La même année, au catalogue des délocalisations européennes, s'ajoute la gestion des flux migratoires : dans le but d'endiguer la poussée qui vient d'Afrique, maghrébine et subsaharienne, l'Union délègue l'instruction des demandes d'asile aux pays limitrophes qui servent de terminaux. La centralité de sa situation géographique, la pluralité et la perméabilité de ses frontières, mais aussi la facilité que créent une relative corruption administrative et une dense économie souterraine font rapidement de la Turquie une plate-forme de transit. Avec l'accroissement des réfugiés originaires du Levant, elle devient le hub des passages clandestins du sud au nord, toutes provenances confondues.

En 2011, l'année des Printemps arabes et de l'intervention internationale en Libye qui voit le flux exploser, Bruxelles négocie avec Ankara un accord dit de réadmission : la Turquie consent à ce que les migrants irréguliers soient renvoyés sur son sol mais à la condition que la délivrance des visas pour ses ressortissants soit assouplie. Le troc fonctionne et débute l'engrenage. En 2013, la création de l'État islamique en Irak et au Levant (Daech) provoque l'arrivée de 2 000 000 de réfugiés en Turquie. Ils seront 2 500 000 deux ans plus tard et 3 500 000 à la fin de la décennie. L'Union est vite débordée et sa première digue, la Grèce, craque sous l'afflux des clandestins qui sont au nombre de 500 000 pour la seule année 2015. C'est l'occasion pour Erdoğan de monnayer ses services contre l'aide qu'il escompte recevoir afin de pallier le double marasme qui menace son maintien au pouvoir, économique dans le pays, stratégique en Syrie.

Le pacte est signé en mars 2016, trois mois avant le putsch avorté. Outre une libéralisation accrue des visas pour ses citoyens et l'ouverture de nouveaux chapitres dans son processus d'adhésion, l'Europe accorde à la Turquie une subvention de deux fois trois milliards d'euros pour financer ce qu'il faut nommer son appareil de rétention. En échange de quoi, la Turquie s'engage à plus de contrôle et de coopération dans son traitement de la crise migratoire. Le codicille du « un pour un » qui clôt l'accord en souligne le caractère peu honorable : pour tout migrant « nouveau » refoulé de Grèce, un migrant « installé » en Turquie sera accueilli dans l'Union, mais au prorata décidé par chaque pays et dans la limite de 72 000 individus.

Le résultat est pathétique. La Méditerranée devient un cimetière. Les corridors prévus n'ont d'humanitaire que l'épithète. L'Union renâcle à payer à chaque manquement turc aux droits de l'homme, aggravant de la sorte sa réputation déjà solide d'hypocrisie. Les pays membres se divisent au bénéfice politique des gouvernements les plus réticents à ouvrir leurs frontières, ce qui leur vaut les réprimandes des plus libéraux qui ne font pourtant guère mieux qu'eux en termes d'accueil. De la « nuit de Cologne » aux attentats de Paris (mais aussi Bruxelles, Londres, Berlin, Copenhague, Stockholm, Barcelone, Utrecht, Vienne), la terreur grandit, l'angélisme diminue et s'instaure la conscience malheureuse que la dépendance à l'égard d'Ankara en matière migratoire s'avère nocive mais incurable.

De son côté, la Turquie gronde de faire capoter l'accord au moindre désaccord, terme qui inclut le plus petit reproche comme la plus infime remarque. Ses fautes ne sont jamais que la faute de l'Europe qui, à force de ne pas l'accepter en son sein l'empêche de se réformer et de progresser. Le pacte migratoire tourne au chantage aux migrants et Erdoğan pratique la surenchère en posant des demandes toujours plus exorbitantes qui s'apparentent à autant d'ultimatums.

Une autre partie s'est jouée tout ce temps en coulisses. Sur vingt ans, de la guerre d'Irak à la guerre contre Daech, en passant par les interventions en Libye et en Syrie, qui ont déterminé la crise migratoire, l'Union européenne n'a eu ni vision claire, ni action commune. Paris a renoncé à sa posture historique et, sacrifiant lentement mais sûrement son exception, réintégrant de manière penaude l'OTAN, se fondant dans le camp atlantiste, en est arrivée à rivaliser avec Londres dans le rôle du meilleur supplétif occidental de Washington. Les arbitrages locaux du Vieux Continent ont été ainsi indexés sur les intérêts globaux du Nouveau Monde.

Dans le même temps, la Turquie s'est émancipée de la tutelle des États-Unis. Le sommet du panislamisme d’Erdoğan a consisté dans le soutien implicite de l’appareil d’État turc à Daech, par focalisation sur la question kurde, par hostilité au monde arabe et par connivence avec le fondamentalisme sunnite. C’est l’État turc qui a déverrouillé l’enfermement de l’État islamique en lui offrant un hinterland propice au transport des combattants, à l’approvisionnement en armes, au transfert de devises, au commerce du pétrole. Et un sas pour transformer les réfugiés en moyen d’intimidation.

Depuis, la Turquie, à l’instigation de son président, a précipité la dérive des continents. Recep Tayyip Erdoğan s’est rapproché de la Russie, a esquissé un pas vers l’Iran, a refermé sa main sur l’Internationale islamiste, a bousculé ses anciens partenaires en Libye, les défie ailleurs, partout où il peut, et nargue désormais ouvertement l’OTAN dont la passivité cacochyme le prémunit contre l’hypothèse de son exclusion.

Argent, reconnaissance, patience, soutien, silence : les gouvernants européens ont tout accordé à Erdoğan, y compris le prétendu soin de limiter à son point d’arrivée un feu qu’il n’a cessé d’alimenter à son point de départ. Il a doublé la mise en prenant pied sur les rivages de Tripoli, autre terre saccagée par la guerre civile, autre sas aussi à partir duquel la misère croissante du sud se déverse sur l’abondance déclinante du nord.

Transitant entre le parc pour touristes et la maison pour retraités, l’Europe est scindée de l’intérieur entre son penchant égoïste et son inclination humanitaire. Tout ce temps, pour le meilleur et pour le pire, elle s'est concentrée sur la crise des migrants comme clé de la question turque, se demandant si elle avait eu raison ou tort de laisser la Turquie à la porte d'entrée.

Pour sa part, Erdoğan a mis littéralement les pendules à l'heure en supprimant les fuseaux d'été et d'hiver, mesure symbolique mais hautement significative de la discordance des temps, une avalanche de gestes et de mots haineux attestant par ailleurs que la rupture est consommée.

Qui a pu sincèrement penser, en l'état des choses, qu'un jour l'union aurait lieu ? Les utopistes auront causé cinquante ans de retard aux Turcs d'ouverture et les auront privés d'un véritable partenariat qui, sans gargarismes, aurait fait avancer leur cause. Ces mêmes utopistes qui, l'heure de vérité venue, ont vendu les migrants à l'encan.

Le sapement

Dire adieu à l'idée européenne n'empêchera pas Ankara de continuer à racketter Bruxelles sur le dos des réfugiés (qui le sont déjà par les passeurs, nom bien noble pour des trafiquants esclavagistes). Au contraire. Si l'Europe, en 1920, pouvait militairement opposer le droit à la Turquie en armes de Kemal, la Turquie surarmée d'Erdoğan impose sa loi en 2020 à l'Europe démilitarisée. Les deux guides ont voulu créer l'unique nation musulmane pleinement moderne au sens de pleinement combattante. Atatürk sans l'Oumma et avec l'Occident. Erdoğan avec l'Oumma et contre l'Occident. La différence est secondaire. Le successeur est devenu, comme le prédécesseur, un maître chanteur qui monnaie le spectre d'une instabilité planétaire contre l'assurance de sa propre stabilité.

Les migrants ne sont pas les seuls otages du Reis. Les émigrés turcs dans les pays européens font aussi l'objet d'un rapt facilité par le syndrome de Stockholm que la Diyanet a pour mission de leur inculquer. Ses imams-fonctionnaires servent d'agents itinérants et ont charge de contrôler l'orthodoxie religieuse (et politique) des lieux de culte, de leurs communautés et de leurs membres. Elle opère en lien direct avec l'État turc dont elle est l'émanation, mais aussi en liaison avec les autorités locales concernées, ce qui renforce son statut de quasi-représentation diplomatique. À ce titre, elle exerce un droit de regard sur les autres associations cultuelles mais aussi culturelles, particulièrement lorsqu'elles se déclarent patriotiques et relèvent donc de la formule turco-sunnite.

La Confédération islamique du Millî Görüs, « vision nationale » (un intitulé sans ambiguïté quant à sa canonicité), contribue puissamment à ce maillage. Necmettin Erbakan crée cette organisation de droit européen en 1969 comme l'homologue des partis islamistes qu'il fonde parallèlement, dont le Refah dans lequel Recep Tayyip Erdoğan militera avant de former l'AKP. La Confédération naît en Allemagne où l'immigration venue de Turquie forme la deuxième population turque au monde : elle compte 2 700 000 individus, pour deux tiers des expatriés et pour un tiers des naturalisés, selon les données officielles tandis que les chercheurs estiment le nombre total des « liés au pays-souche » à 5 000 000.

Le Millî Görüs gère plus de 600 mosquées au sein de la diaspora turque dont le pré carré recoupe l'espace de l'ancien empire carolingien. En France, qui vient numériquement deuxième après l'Allemagne (700 000 personnes naturalisées pour la moitié), l'organisation est membre statutaire du Conseil du culte musulman, administre 71 mosquées, plusieurs écoles coraniques ainsi qu'une dizaine d'établissements scolaires privés. Elle a pour projet, mais retardé, l'édification à Strasbourg de la plus grande mosquée-cathédrale du Vieux Continent.

Or, Strasbourg a longtemps été dans le collimateur du président Erdoğan. Il a rêvé d'y instaurer une réplique ou plus précisément une succursale de la Diyanet à laquelle les institutions européennes auraient confié le ministère du culte musulman, et des musulmans de toutes origines, sur l'entière Union européenne. Le projet, utopique, n'a jamais eu une quelconque chance d'aboutir, frappé du véto des musulmans européens eux-mêmes. Mais son meilleur ennemi a été le Reis lui-même.

L'Allemagne et la France ont dû s'habituer au fait qu'Erdoğan privatise les salles de concert à son usage électoral. Ce sont par milliers que ses « frères et sœurs », néanmoins soigneusement séparés par un service d'ordre diligent, viennent assister au spectacle son et lumière « Un seul drapeau, un seul pays, une seule foi », généralement introduit par l'oraison d'un imam et conclu par l'hymne national de circonstance qu'entonnent de jeunes choristes toutes de vert vêtues jusqu'à leurs foulards.

Sa tournée a commencé le 10 février 2008, au stade de Cologne, où il a béni l'intégration, source « d'avantages matériels et civiques » pour mieux maudire l'assimilation, « crime contre l'humanité ». Elle a eu son point d'orgue au Zénith de Strasbourg, le

4 octobre 2015, où il a dénoncé le terrorisme « qui doit être éradiqué », mais d'abord « dans les urnes », désignant le PKK pour mieux incriminer le parti kurde HDP et omettre ses propres compromissions avec Daech. Entre-temps, il s'est complu dans le prêche, blâmant le « nazisme » résurgent de Berlin, le « fascisme » rémanent de Paris, et louant l'exemplarité d'Ankara tout en prévenant que la Turquie ne pourra pas servir éternellement d'« antidote aux dérives totalitaires » du Vieux Continent si ce dernier ne se repent pas et ne s'amende pas.

Cette inversion inquisitoriale des péchés a atteint son acmé lors de la campagne référendaire de 2017. Recep Erdoğan a alors uni dans le même sort d'otages les migrants et les émigrés, tonnant que si on lui interdisait de tenir des meetings de propagandes afin de capter le vote des expatriés, il lâcherait les réfugiés sur l'Europe. Et en criant à l'attentat contre les libertés fondamentales.

Serait-il vraiment liberticide d'interdire une réunion d'endoctrinement visant à donner les pleins pouvoirs à un autocrate qui piétine les droits les plus élémentaires, embastille les écrivains et les journalistes, réprime les minorités parce qu'elles tardent à prendre le chemin de l'exil et persécute ses alliés fondamentalistes d'hier au prétexte soudain qu'ils comploteraient aujourd'hui contre une démocratie pour laquelle il n'a jamais eu lui-même que du mépris ?

Pour Recep Tayyip Erdoğan, un Turc vivant en Turquie n'est pas forcément un citoyen de droit, mais un Turc émigré en Europe, quand bien même naturalisé, demeure nécessairement un sujet de fait. La traque aux ennemis intérieurs déborde les frontières pour tourner au braconnage des partisans extérieurs.

Mais en quoi la volonté de faire d'un référendum un plébiscite, transmutation propre à l'alchimie des dictatures, aurait-elle à voir avec les dispositions relatives à la liberté d'expression et de réunion ? À moins que le littéralisme juridique ne finisse par causer un analphabétisme politique ? Que les idiots utiles dénonçant une « islamophobie d'État », là où il y va d'une islamisation d'État, ne ruent dans les brancards ? Et qu'ils ne rejoignent les meutes agitées par le Reis à travers le monde contre la France lorsque la France montre l'exemple en renforçant les lois de la laïcité, c'est-à-dire en émancipant les citoyens ou résidents d'origine étrangère dans l'Hexagone de la soumission obligée à leur maître et en les autorisant à l'autonomie de leur jugement ? Ce n'est pas aimer les Turcs d'ici ou de là-bas que de les vouer à un éternel emprisonnement.

Aujourd'hui encore, nous refusons de voir avec quelle symétrie Erdoğan s'applique à transgresser les frontières au Levant, au Caucase, demain dans les Balkans, en Asie, et à agresser l'Union à ses frontières physiques et morales. Nous préférons ignorer qu'user des migrants en les convoyant massivement vers l'ouest ne suppose pas moins une logique d'affrontement qu'intervenir à l'est en y transportant des drones pour asseoir un projet d'annexion. Nous nions combien un troc engageant la rétention d'une crise humanitaire contre l'octroi d'un blanc-seing diplomatique représente un insoutenable oukase qui nous condamne à terme.

Toute paix que l'on croit pouvoir acheter à un belliciste a pour prix la guerre. Les chancelleries et la Commission ont beau protester, l'Europe, à la manière de la dernière Rome, finira par payer un nouveau tribut à la force et, immanquablement, le montant de la rançon s'aggravera. Quant à la guerre, inutile de demander si elle aura ou n'aura pas lieu, elle est déjà là.

La guerre

L'ambition belliciste du président Erdoğan est claire. Elle se développe sur tous les fronts de reconquête auxquels avait dû renoncer Atatürk. Elle s'attache à préempter chacun des anciens limes impériaux pour réaffirmer la vocation du Turc à dominer l'histoire. Elle désigne les mêmes ennemis qu'antan. Au Levant, afin de maîtriser les Kurdes et les Arabes. En Méditerranée et dans les Balkans, afin de contraindre les Grecs et de paralyser les Européens. Au cœur du Caucase, afin de rivaliser avec les Russes, les Iraniens et de déstabiliser les Chinois. À l'échelle planétaire, pour se dégager des Américains.

C'est du caractère prévisible de cette entreprise que les chancelleries feraient bien de se soucier plutôt que de blâmer l'attitude « déroutante » de Recep Tayyip Erdoğan. Dans ce grand chelem de la revanche, tout se répète. À commencer par la nécessité d'éliminer les Arméniens, cette fois au Haut-Karabagh, afin de prétendument briser un encerclement orchestré par l'ensemble des nations.

Qu'importe que ce soient les Arméniens qui vivent cernés par les Azerbaïdjanais dans ce territoire caucasien qui est depuis toujours le leur et où ils sont majoritaires. Dès lors que l'Europe traite ses musulmans en « nouveaux juifs » et prépare à leur encontre un « génocide », le peuple azéri peut lui aussi être dit menacé d'« éradication ». Comme les Turcs en 1915, il doit lutter pour sa survie.

Le mensonge est proprement insoutenable. Nauséeux. En 1920, l'opération Némésis, du nom de la déesse grecque de la justice, n'a pas pour cible que le Jeune-Turc et ancien Grand Vizir Talaat. Trois Azéris sont également exécutés en représailles. Membres de l'Armée de l'islam conduite par Enver Pacha, ils ont encadré le massacre des Arméniens de Bakou, leur capitale, en 1918. À l'entour des années 1990, les pogroms reprennent, à Soumgaït d'abord, encore à Bakou ensuite. Alors que la dislocation de l'Union soviétique permet à l'Azerbaïdjan et au Haut-Karabagh de déclarer parallèlement leur indépendance, c'est à nouveau Bakou qui n'admet pas le principe de cette égalité d'existence, qui dénonce l'amputation de « son » territoire, en réalité vicieusement dessiné par Staline, qui entre en guerre et qui la perd. L'Azerbaïdjan invente alors, en 1994, un « génocide de Khodjali » qu'auraient subi des centaines d'Azéris du Karabagh, lesquels ont en fait trouvé la mort en fuyant les bombardements intensifs de leurs « frères ». En 2015, année du centenaire, l'Académie des sciences d'Azerbaïdjan réunit, là encore à Bakou, un colloque sur « le soi-disant génocide arménien : fiction et réalité », lequel sert à dénoncer dans l'Arménie elle aussi devenue indépendante un « État criminel » et l'« ennemie de l'humanité ».

« Deux pays, une nation » : grâce à l'Azerbaïdjan musulman et turcophone, la Turquie peut se sentir chez elle au Caucase. C'est l'Empire ottoman qui a définitivement islamisé, au XVe siècle, des pans entiers de cette région, l'une des plus composites au monde. C'est dans cette région que la Sublime Porte a découvert, à partir du XVIIIe siècle, sa fragilité face à la montée de l'Empire tsariste. C'est cette même région qui, à la suite de la chute du communisme, a pris le tour d'un champ de bataille, mêlant au reliquat de la confrontation entre l'Est et l'Ouest les développements de l'affrontement entre le Nord et le Sud.

Depuis la fin de l'Union soviétique et à l'avantage le plus souvent de la Russie, les conflits se succèdent sans fin au Caucase. Outre la guerre du Haut-Karabagh entre 1991 et 1994, défilent la guerre d'Ossétie du Nord en 1992, la première guerre de Tchétchénie en 1994-1995, l'insurrection islamiste au Daghestan en 1999, la seconde guerre de Tchétchénie en 1999-2000, la rébellion djihadiste du Pankissi de 2002 à 2004, l'intervention tchétchène en Ingouchie de 2004, la guerre d'Ossétie du Sud en 2008, la concession territoriale forcée de l'Ingouchie à la Tchétchénie en 2018. Vu de Bakou et d'Ankara, profiter en 2020 de la pandémie pour rallumer la guerre avec les Arméniens paraît, si l'on ose dire, un détail.

Dès les années 1990, une solidarité sans faille s'est exercée entre les deux pays. La Turquie a fermé ses frontières et rompu ses relations diplomatiques avec l'Arménie déjà terriblement enclavée. Elle y a sacrifié la vitalité de sa zone bordurière, la troquant contre les pétrodollars de l'Azerbaïdjan. Ankara a investi massivement à Bakou et Bakou, réciproquement, à Ankara. Les oléoducs et gazoducs ont scellé cette union. Sans supprimer pour autant l'obstacle physique, la discontinuité spatiale, l'impossible jonction des routes que cause le Haut-Karabagh.

L'alliance politique de l'AKP et du MHP, des islamistes frères par la foi des Azéris et des nationalistes frères par le sang des Azéris, a rendu l'objectif prioritaire. La connivence entre les deux présidents l'a accélérée : Ilham Aliev, l'héritier dynastique de l'ancien membre du politburo Heydar Aliev, partage le goût de Recep Tayyip Erdoğan pour l'instrumentalisation de la religion, le détournement des élections, le culte de la personnalité et la répression des libertés. Tous deux ont aussi en commun de placer les membres de leurs familles à la direction des conglomérats industriels de leurs pays, en croisant chaque fois que possible les attributions des postes en signe d'indéfectible unité. Ils partagent pareillement la guerre.

Retour à la case départ de 1915. Pourquoi les Arméniens ne veulent-ils pas partir du Haut-Karabagh ? Parce qu'ils y sont chez eux et parce qu'ils ne sauraient renoncer à leur dernier sanctuaire immémorial alors qu'ils ont été chassés partout ailleurs, en cent ans, de leurs terres ancestrales. Pourquoi la Turquie est-elle intervenue sur le terrain, y dépêchant armes sophistiquées et mercenaires djihadistes syriens, afin de rendre cette guerre totale et définitive ? Parce que le génocide des Arméniens qu'elle continue de nier a déterminé sa propre création. Parce qu'avec leur élimination, elle a opéré un vaste gain territorial. Parce que l'Arménie résiduelle, issue des décombres de l'Union soviétique, continue de gêner géographiquement son projet d'hégémonie : la jonction avec les nations turcophones de l'Asie centrale.

À l'automne 2020, la puissante coalition turco-azérie fond sur le minuscule Karabagh et la petite Arménie, toutes armes de dernier cri déployées. Ce sera la capitulation ou le carnage. En fait, les deux. En prenant pied dans le carrefour caucasien, l'autocrate turc a trouvé dans le despote azerbaïdjanais un émule qui ne va pas au combat, mais à la casse. En bardant Aliev d'un déluge de feu dont ce dernier n'avait pas les moyens, Erdoğan a montré combien il croit dans la destruction créatrice et combien il lui faut être victorieux pour égaler Kemal. Il a rebattu les cartes du « Grand Jeu » de jadis, quitte cette fois à défier frontalement l'Otan afin de rendre manifeste l'impuissance politique d'une alliance militaire qu'il corrode de l'intérieur.

Cette fois surtout, Recep Tayyip Erdoğan a doublé Vladimir Poutine dans son propre espace impérial. Le sultan a su profiter des embarras du tsar dans le Donbass, en Biélorussie, au Kirghizstan et dans l'affaire Navalny promise à durablement empoisonner son règne. Piégé par sa doctrine de la non-ingérence, par les intérêts de l'oligarchie russe en Azerbaïdjan, par la carte du pétrole et du gaz, le maître du Kremlin ne s'en est pas moins montré cynique. Il s'est réservé le temps de compter les morts et de constater l'enlisement pour remettre en scène son autorité écornée. Dans l'intervalle, il a jugé utile que le Premier ministre Nikol Pachinian connaisse le prix de sa volonté d'indépendance et se rappelle qu'il n'a pas nulle part d'autre où aller. Là encore l'histoire a depuis longtemps tranché : l'Empire tsariste, l'Union soviétique, la Fédération de Russie n'ont jamais cessé d'instrumentaliser les Arméniens.

Intégrant tous ces paramètres, Erdoğan a parié que les condamnations d'aujourd'hui se transformeraient demain en condoléances lorsque les Arméniens, ces « empêcheurs » comme il le dit, seraient un peu plus effacés de la surface de la Terre. Comment, toutefois, aurait réagi la conscience universelle au cas, bien entendu exclu, où Berlin aurait envoyé des drones et des mercenaires pour seconder un hypothétique djihad final contre Israël ? Nous en sommes pourtant là (et Israël lui-même, tout à son commerce militaire, en alimentant la machine de guerre turco-azérie, a failli là à sa vocation tandis que l'Allemagne, turcophile par tradition et désormais par obligation, est restée aux abonnés absents).

C'est dans la plus extrême solitude que les Arméniens se sont courageusement battus jusqu'à ce qu'il leur devienne impossible de continuer à envoyer leurs fils, des adolescents ne sachant pas manier même un fusil, au massacre. Prêt à s'arranger avec Recep Tayyip Erdoğan, et quitte à remettre à plus tard leur règlement de comptes, Vladimir Poutine a imposé les pires conditions à l'Arménie.

Le futur statut du Haut-Karabagh, dissous dans l'Azerbaïdjan, reste indéterminé. Le couloir de Latchine qui relie les Arméniens des deux côtés est placé sous l'autorité des troupes russes. Le couloir de Meghri, qui traverse l'Arménie et longe l'Iran, est confié aux Azéris qui disposent ainsi d'une liaison avec leur province enclavée du Nakhitchevan (elle aussi historiquement partagée et elle aussi arrachée à son cours historique par Staline). Or le Nakhitchevan est frontalier de la Turquie. Erdoğan a gagné sa guerre par délégation. Ankara dispose d'un toboggan vers Bakou et d'un pivot contre Téhéran.

Ce n'est pas un mais deux territoires que les Arméniens ont perdus, ce à quoi les encourageait peu ou prou le plan de « pacification » édicté par Washington en 2000. De tous les dirigeants occidentaux, le président Macron est le seul à avoir dénoncé avec force et constance la course à l'abîme du président Erdoğan. Il l'a chèrement payé, voyant sa tête de « bon pour l'asile » mise à prix en tant qu'il serait un « ennemi de l'islam ». Il n'a pas pour autant oublié que les Arméniens ont toujours été culturellement européens et qu'ils le sont d'autant plus aujourd'hui par le sang qu'ils versent pour enrayer la barbarie. Il a sauvé l'honneur de la France en déclarant qu'elle est « au côté de l'Arménie ». Il a dépêché une aide humanitaire à Erevan et promis que Paris s'entremettra pour que les Arméniens puissent demeurer et vivre décemment au Haut-Karabagh. Ce qui est bien, mais insuffisant.

La suite est malheureusement écrite. D'une poudrière à l'autre, le destin du Kosovo, vingt ans après l'intervention de l'OTAN, le dit assez. Aujourd'hui, ce sont les Serbes laissés pour compte qui sont soumis à une purification ethnique, leurs monastères et leurs églises qui sont vandalisés, leurs enfants qui sont ostracisés, persécutés, poussés au départ. Et ce sont les Albanophones militants, ceux qui étaient les chefs de la lutte indépendantiste avant que la Coalition ne les promeuve chefs du gouvernement, qui sont désormais traduits devant le Tribunal international de La Haye pour crimes contre l'humanité, crimes de guerre, trafics d'organes, d'êtres humains, d'armes, de drogue. La cécité rémanente de l'Occident sur l'Orient proche ou lointain est accablante. Elle est aussi mortifère.

Plutôt que de célébrer sa victoire et de se montrer magnanime, Ilham Aliev a préféré se féliciter d'avoir « écrasé et chassé ces chiens » que sont pour lui les Arméniens, reprenant l'antienne aux résonances génocidaires déjà en cours à Ankara. Depuis 1991, la dynastie azérie a entrepris de gommer toute trace d'arménité sur le territoire de l'Azerbaïdjan indépendant. En 2005, la nécropole millénaire de Djoulfa a été rasée par les bulldozers afin de laisser la place à une caserne. Ce sont des centaines de khachkars, ces stèles de pierres sculptées et cruciformes, qui ont été détruits. En 2010, lorsque l'UNESCO a inscrit au patrimoine culturel de l'humanité « l'art arménien de la croix de pierre », Bakou a protesté en réclamant, mais en vain, qu'il soit également déclaré azéri (la rivalité mimétique commande la violence fondatrice). Les Khachkars abondent au Haut-Karabagh mais il est superflu de se demander ce qu'ils vont devenir : ils ont commencé à être saccagés le lendemain du cessez-le-feu.

La guerre se pratique de mille façons. Sur l'île d'Akhtamar, près du lac de Van, en Turquie, autre éminent sanctuaire arménien, le croissant a depuis longtemps remplacé la croix, décapitée d'un coup de sabre après l'écrasement de l'ultime résistance arménienne en 1917. Aliev n'aurait rien pu, ou peu, sans Erdoğan, et Erdoğan sans Atatürk, et Atatürk sans les Jeunes-Turcs.

En 2010, au moment où l'Azerbaïdjan revendique un droit de propriété sur la culture arménienne qu'il détruit, le Reis décrète que le monument dédié à la paix avec Erevan, qu'Ankara a édifié un peu plus tôt à l'occasion d'une des rares phases de dialogue, n'est qu'une « saleté ». L'escalade a déjà commencé, avec son cortège névrotique de répétitions sans fin. Nous sommes à son pic. Le testament des Arméniens du Karabach est qu'il est temps qu'elle cesse.

Karagöz

Parmi les peuples de la Terre, il n'est que les Arméniens pour entretenir, à la fois par leur être et par leur destinée, un parfait parallèle, biblique et historique, avec les Juifs. Eux aussi forment indistinctement un peuple, une langue, une foi. Eux aussi ont une terre et une diaspora. Eux aussi sont les survivants d'une indicible catastrophe ayant visé à leur extermination. Eux aussi, en tant que témoins dans leur chair du siècle de l'inhumain, engagent, lorsqu'ils sont menacés dans leur existence, l'entière humanité. C'est en cela que le conflit qui ne cesse de revenir à quatre heures de vol de Paris est planétaire. Tel est son sens ultime : par la manière dont nous le jugeons, nous nous jugeons en fait nous-mêmes.

Il est des Turcs qui le savent et qui le disent. Mais on n'en trouvera plus beaucoup en Turquie. Ou alors réduits au silence. Ceux qui ont parlé trop haut ont été condamnés à la prison ou à l'exil. Leur courage à son tour nous accable. Eux échappent au cycle de la vengeance et renouent les fils du temps autrement que par le sabre et le turban. Leur Turquie n'est pas le laboratoire de la synthèse monstrueuse entre l'Occident et l'Orient, du premier génocide et de la première purification ethnique. Leur Turquie est celle de Thalès, de saint Paul, de Roumi, de Hadji Bektaş, de Yaşar Kemal et de Aynur Doğan, la chanteuse du blues anatolien.

C'est cette Turquie-là que nous lisons, que nous regardons, que nous écoutons. Et que nous aimons. C'est avec elle que nous dialoguons aussi, nous penchant sur ses torts et sur les nôtres (qui existent), sur ses amis, sur ses adversaires et sur les nôtres (qui existent également et qui ne sont pas forcément les mêmes encore que oui parfois pour les ennemis, souvent pour les amis). Cette Turquie est celle qui a souffert pendant un siècle de ne pouvoir être elle-même. Et qui, aujourd'hui, est dispersée, comme les Juifs, comme les Arméniens sur toutes les faces de la Terre.

Elle a pour nom et pour visage l'écrivain Dogan Ankhali, arrêté et torturé en 1975 puis en 1985 pour subversion ; la militante des droits de l'homme Pinar Selek, condamnée à la perpétuité en 1998 pour terrorisme ; le Prix Nobel de littérature Orhan Pamuk, inquiété par la justice en 2005 pour usage du terme de génocide ; le pianiste et compositeur Fazıl Say, inculpé en 2012 d'atteinte aux valeurs religieuses ; le journaliste Can Dündar, accusé en 2015 de haute trahison ; la romancière Asli Erdoğan (pure et infortunée homonymie) emprisonnée la même année 2015 à nouveau pour terrorisme.

Toutes et tous, pour ne citer qu'elles et eux, vivent aujourd'hui sur une terre étrangère. Ils ne sont pas les seuls. La liste serait trop longue à dresser des artistes, des intellectuels, des universitaires qui partagent leur destin, qui enrichissent de leurs talents et de leurs savoirs les divers pays où ils œuvrent, dont la France. Ce serait une injustice de ne pas mentionner aussi les Turcs de peu, anonymes, sans gloire apparente qui ont choisi de vivre ailleurs non pas par confort, mais par conviction, afin d'offrir à leurs fils et leurs filles une éducation libre. Les uns, les autres veulent que la Turquie sorte de son cauchemar. Et nous avec.

Le présent essai comporte le risque de heurter leur fierté ombrageuse. Il représente pourtant un appel à la vraie grandeur de la Turquie. Celle du multiple vivant et non pas de l'un fabriqué. Certes, aujourd'hui, il existe un peuple turc. Précaire en 1920, le voilà affermi en 2020. Il déroute à lui tout seul, exception remarquable, les schémas de la prose post-colonialiste. Ce vrai peuple, vraiment moderne, dispose d'un véritable État qu'il a bâti de lui-même et par lui-même. Cet État dont il lui faut s'émanciper en commençant par l'émanciper de l'idéologie politico-religieuse qui l'étouffe. Mais plus encore en rouvrant le peuple turc aux peuples, aux cultes et aux cultures enfouis sous les cendres et dont parle chaque parcelle de la terre de Turquie.

Pour arrêter l'escalade de Recep Tayyip Erdoğan, pour que stoppe sa marche incendiaire au-dedans et au-dehors de la Turquie, pour que les Turcs respirent et que le monde reprenne souffle, il faudrait que dans le même temps cesse l'aveuglement occidental, endurci par cent ans de bévues et de lâchetés. Le Reis n'est pas hors d'atteinte. Il a perdu la mairie d'Istanbul. Il n'est plus le magicien de la livre forte et de l'enrichissement facile. Le chômage et la misère augmentent. Le camp démocrate a compris qu'il fallait en finir avec les bisbilles. Les prisonniers ne plient pas. Les exilés attestent qu'un nouveau départ est possible. Un embargo économique suffirait à amender, au sens littéral, le Reis qui comprend parfaitement le langage de l'injonction. Il faudrait seulement que les États-Unis, l'Allemagne et les autres pays européens entendent l'alerte qu'a lancée la France. Le reste, tout le reste appartiendrait aux Turcs.

Nous n'en sommes pas là. L'exil des forces vives, qui sont cruciales pour penser le futur, rend vide l'avenir. Ennemi extérieur, ennemi intérieur : d'un siècle à l'autre, quelle que soit l'option prise, la réussite immédiate, le point gagné, l'échec se reproduit. Cent ans après Atatürk, alors qu'à l'intérieur la transformation de la société patine et qu'à l'extérieur la prétention à la puissance éclate, le dilemme existentiel de la Turquie perdure. Et il perdurera tant que n'aura pas été accompli le retour aux origines.

Ce réveil, Istanbul en a eu l'avant-goût le 23 janvier 2007, à midi. Ce jour-là, aux cris d'« État assassin », cent mille personnes défilent sur le boulevard Halaskargazi, près de l'ancien quartier grec de Pera, à la sortie des funérailles de Hrant Dink. Le directeur du journal bilingue arméno-turc *Agos*, qui se veut lui-même entièrement Arménien et entièrement Turc, a été abattu quatre jours plus tôt par un jeune fanatisé de 18 ans. Dink a toujours été un combattant. Pour le devoir de mémoire envers le génocide de 1915. Pour la reconnaissance du pluralisme culturel. Pour le droit des Kurdes et des minorités. Autant de combats pour les libertés, autant de procès pour offense à la nation. Et, dernier round, Dink a révélé que la fille adoptive de Mustafa Kemal, Sabiha Gökçen, la pilote de chasse dont un aéroport international flambant neuf et tout juste inauguré par Recep Tayyip Erdoğan porte le nom, est une enfant arménienne rescapée du génocide. Ce qu'il a vu comme un honneur pour Atatürk. Ce n'est pas ainsi que l'ont compris ceux qui l'ont fait abattre. Dink a franchi la ligne rouge, il a ébréché le mythe fondateur et l'a payé de sa vie. Mais ce jour-là, accompagnant sa dépouille, ils sont cent mille et plus à scander : « Nous sommes tous des Hrant Dink. » Ils le scandent en turc, en kurde, en grec, en ladino et en arménien.

Dans Istanbul la magnifique, si hospitalière pour le voyageur, lorsqu'on se promène dans le quartier bohême de Cihangir, il arrive que l'on croise au coin d'une rue ou sur une place un jeune marionnettiste qui s'évertue à revivifier l'art du Karagöz. Ce théâtre d'ombres ottoman porte le nom de son personnage principal, « Œil noir ». Plébéien, illettré, démagogue et obscène, Karagöz se confronte à Hacivat, poète, musicien, raffiné et méditatif. Une foultitude de personnages secondaires viennent entourer leurs débats : le soulard patenté, l'opiomane invétéré, la courtisane lascive, le nain farceur. Mais aussi le médecin grec, le marchand juif, l'orfèvre arménien, le passant arabe, le visiteur perse, la domestique tcherkesse ou nubienne. Ils ne parlent pas tous turcs mais se mêlent aux disputes des deux protagonistes, lesquelles se concluent inévitablement par l'exclamation d'Œil noir : « Que mes excès et que mes fautes soient pardonnés », confesse Karagöz.

Aujourd'hui, la scène turque est désertée de ces présences multicolores, de ces djinns translucides, de ces marques de la bigarrure du monde. Aucun chant ne jaillit plus de leur gorge. Le silence règne. Un silence de mort. Ils ne sont plus là. Ceux qui restent, les kémalistes, les militaires, les islamistes, les erdoğanistes eux-mêmes ont plaintivement rejoint les Arméniens, les Grecs, les Juifs, les Dönme dans le sentiment d'être des victimes. Mais de qui, de quoi ? Ce n'est plus l'adversaire lointain ou proche qui inquiète, mais l'autre, n'importe quel autre. La grande roue a accompli son tour, impeccable, implacable. Mécanique. Il reste la peur, la conscience d'un isolement et d'une fragilité encore plus immenses. Une peur telle qu'aucun sabre, qu'aucun turban ne pourra jamais guérir.

Œil noir, ivre de lui-même, est seul désormais sur scène à continuer de taper du pied, à promettre d'autres purges, d'autres conquêtes. Plus personne ne l'écoute vraiment. Ou, plutôt, tout le monde attend d'entendre sa confession. Elle serait libératrice. Pour lui, pour les Turcs et pour nous. Le jour où elle adviendra, la Turquie cessera de trembler et, enfin, s'éveillera.

Table des matières

Remerciements

Ce livre doit beaucoup à l'amitié et l'exigence d'Olivier Mille, le producteur de *Turquie, nation impossible*, le film documentaire sorti en 2019 dont je suis l'auteur et qu'a magnifiquement réalisé Nicolas Glimois. Ma gratitude, donc, chez Artline à Victoire Buff et Cécile Croizat ainsi que chez Arte France à Fabrice Puchault et Anne Grolleron. Les dialogues qui l'ont accompagné, avec notamment Henri Bentegeat, Hamit Bozarslan, Ahmet Insel, Christian Makarian, Georges Prévélakis pour ne citer qu'eux, ont nourri cet essai sans que, bien entendu, ils ne les engagent. De nombreux travaux universitaires m'ont également éclairé : que leurs auteurs, qui se reconnaîtront, sachent aussi ma dette. On ne change pas par ailleurs une équipe qui gagne et merci, une fois de plus, à celles et ceux qui font Le Cerf. Enfin, ce livre doit beaucoup à l'escorte paisible de Veronika Stein ainsi que de Timon et Antonia Stepushkine.

Du même auteur

Le Jour de la Colère de Dieu, roman, Paris, Lattès, 2000.

Le Silence des Anges, récit, Paris, Desclée de Brouwer, 2002.

Dieu est américain : De la théodémocratie aux États-Unis (essai), Paris, Fayard, 2006 ; nouvelle édition, Paris, Éd. du Cerf, 2019.

L'Apocalypse russe : Dieu au pays de Dostoïevski (essai), Paris, Fayard, 2008 ; nouvelle éditions, Paris, Éd. du Cerf, 2021.

Le Paradoxe persan : Un carnet iranien (essai), Paris, Fayard, 2009, nouvelle édition, Paris, Éd. du Cerf, 2020.

Les hommes en trop : la malédiction des chrétiens d'Orient, Paris, Fayard, 2014.

Aveuglements : religions, guerres, civilisations, Paris, Éd. du Cerf, 2018 (Prix 2018 des écrivains du sud, catégorie Essais).

La religion française (essai), Paris, Éd. du Cerf, 2019.

Imprimé en France

Composition : Le vent se lève...
N° d'imprimeur : 010565
Achevé d'imprimer par Laballery en novembre 2020
Dépôt légal : décembre 2020